CW01020264

РОССИЯ:

ХАРАКТЕРЫ,

СИТУАЦИИ,

МНЕНИЯ

Книга для чтения

Выпуск 3. Мнения

2-е издание

Санкт-Петербург
«Златоуст»

2011

УДК 811.161.1

Россия: характеры, ситуации, мнения: книга для чтения : В 3 вып. Вып. 3 : Ситуации / А.В. Голубева, А.И. Задорина, Е.В. Ганапольская. — 2-е изд. — СПб. : Златоуст, 2011. — 124 с.

Russia: characters, situations, opinions : a reading book : In 3 vol. Vol. 3 : Opinions / A.V. Golubeva, A.I. Zadorina, E.V. Ganapolskaya. — 2nd ed. — St. Petersburg : Zlatoust, 2011. — 124 p.

Подготовка текста, комментарии и задания:
А.В. Голубева, А.И. Задорина, Е.В. Ганапольская

Редактор: *И.В. Евстратова*
Корректор: *О.С. Капполь*
Оригинал-макет: *Е.В. Куприна, Л.О. Пащук*
Иллюстрации: *К.В. Гарин*
В оформлении обложки использована ксилография художника Николая Калиты

Книга предлагает разнообразные адаптированные художественные тексты из произведений классической и современной литературы. Рекомендуется для аудиторных занятий по русскому языку как иностранному (2—3-й год обучения) со студентами и школьниками, а также для индивидуального чтения. В текстах проставлены ударения, имеются постраничные комментарии и задания.

© Голубева А.В., Задорина А.И., Ганапольская Е.В. (подг. текста, коммент., задания), 1998
© ЗАО «Златоуст» (редакционно-издательское оформление, издание, лицензионные права), 1998
© ЗАО «Златоуст» (редакционно-издательское оформление, издание, лицензионные права), 2011, с изменениями

ISBN 978-5-86547-616-0

Подготовка оригинал-макета: издательство «Златоуст».
Подписано в печать 24.05.2011. Формат 60x90/8. Печ.л. 15,5. Печать офсетная. Тираж 1000 экз. Заказ № 1258.
Код продукции: ОК 005-93-953005.

Лицензия на издательскую деятельность ЛР № 062426 от 23 апреля 1998 г.
Санитарно-эпидемиологическое заключение на продукцию издательства Государственной СЭС РФ № 78.01.07.953.П.011312.06.10 от 30.06.2010 г.

Издательство «Златоуст»: 197101, Санкт-Петербург, Каменноостровский пр., д. 24, оф. 24.
Тел.: (+7-812) 346-06-68, факс: (+7-812) 703-11-79, e-mail: sales@zlat.spb.ru, http://www.zlat.spb.ru

Отпечатано с готовых диапозитивов в типографии ООО «Береста».
196084, Санкт-Петербург, ул. К. Томчака, 28. Тел.: (+7-812) 388-90-00.

Содержание

Предисловие

Предлагаемая вашему вниманию серия задумывалась составителями с целью дать изучающим русский язык как неродной разнообразный по проблематике материал для знакомства с русской культурой, в том числе бытовой, с типичными проявлениями национального характера, с важными для его понимания идеями. При этом нам по возможности хотелось избежать этнографического подхода.

Отдельные выпуски объединяют материал по единственному общему признаку, вынесенному в подзаголовок (характеры, ситуации или мнения). При отборе текстов нам казались важными такие критерии, как типичность или значимость события, сюжетная законченность, проблемная заострённость ситуации. Отсюда задания ориентируют прежде всего не на пересказ, а на проверку понимания ситуации, авторской мысли и на выражение собственного отношения к ним. При адаптации мы старались сохранить авторский стиль, поэтому сокращения рассматривались как более предпочтительные по сравнению с синонимическими заменами. Комментировались прежде всего места, требующие от учащихся фоновых знаний (из истории, облигаторной литературы и т. д.), а также фразеологизмы и разговорные выражения. Чисто словарных комментариев мы намеренно старались не давать.

Каждый выпуск серии включает небольшие рассказы и отрывки из произведений всеми признанных классиков (А.С. Пушкина, Н.В. Гоголя, Л.Н. Толстого, Ф.М. Достоевского, М.А. Булгакова, В.В. Набокова, А.И. Солженицына), писателей, менее известных (Тэффи, А. Аверченко, К. Станюковича), а также популярных современных авторов (А. и Б. Стругацких, Л. Петрушевской, В. Токаревой, В. Пьецуха, В. Войновича и др.). Помимо художественных текстов в выпуски серии вошли фрагменты из работ академиков П.Л. Капицы и Д.С. Лихачёва, кинорежиссёра А. Тарковского, философа Н. Бердяева, историка В.О. Ключевского и др.

Надеемся, что вы получите удовольствие от работы с книгами серии «Россия: характеры, ситуации, мнения», порадуетесь встрече с уже любимыми авторами и откроете новые для себя имена. Будем рады видеть вас среди постоянных читателей серии.

Составители

И.С. Тургенев
Стихотворения в прозе

Молитва

О чём бы ни моли́лся челове́к — он мо́лится о чу́де. Вся́кая моли́тва сво́дится на сле́дующую: «Вели́кий бо́же, сде́лай, что́бы два́жды два — не́ было четы́ре!»

То́лько така́я моли́тва и есть настоя́щая моли́тва — от лица́ к лицу́. Моли́ться всеми́рному ду́ху, вы́сшему существу́ — невозмо́жно и немы́слимо.

Но мо́жет ли да́же ли́чный, живо́й бог сде́лать, что́бы два́жды два — не́ было четы́ре?

Вся́кий ве́рующий обя́зан отве́тить: мо́жет — и обя́зан убеди́ть самого́ себя́ в э́том.

Но е́сли ра́зум его́ восста́нет про́тив тако́й бессмы́слицы?

Тут Шекспи́р придёт ему́ на по́мощь: «Есть мно́гое на све́те, друг Гора́цио...» и т. д.

А е́сли ему́ ста́нут возража́ть во и́мя и́стины, — ему́ сто́ит повтори́ть знамени́тый вопро́с: «Что есть и́стина?»

И потому́: ста́нем пить и весели́ться — и моли́ться.

Тургенев Иван Сергеевич (1818—1883) — один из создателей русского реалистического романа. Мастер новеллистической прозы с необыкновенно поэтичными описаниями русской природы, автор романов об исторической судьбе «дворянских гнёзд» накануне и после отмены крепостного права, о духовной драме русской дворянской интеллигенции.

Вопросы и задания

1. О чём молится каждый человек, по мнению Тургенева?

2. Верит ли автор в то, что бог может сделать чудо?

3. Как вы понимаете последнюю фразу?

4. Чьи слова цитирует автор? Как они подтверждают его мысль?

С кем спорить...

Спорь с человеком умнее тебя: он тебя победит... но из самого твоего поражения ты можешь извлечь пользу для себя.

Спорь с человеком ума равного: за кем бы ни осталась победа — ты по крайней мере испытаешь удовольствие борьбы.

Спорь с человеком ума слабейшего... спорь не из желания победы; но ты можешь быть ему полезным.

Спорь даже с глупцом; ни славы, ни выгоды ты не добудешь; но отчего иногда и не позабавиться?

Не спорь только с Владимиром Стасовым[1]!

Вопросы и задания

1. Почему, по мнению автора, нужно спорить с человеком умнее тебя?

2. Почему полезно спорить с человеком равного ума?

3. Для чего можно спорить с человеком ума слабейшего и с глупцом?

4. Считаете ли вы, что не стоит спорить с эмоциональными людьми? Аргументируйте вашу точку зрения.

---

[1] Владимир Стасов (1824–1906) — русский художественный и музыкальный критик. При встречах и в письмах Тургенев и Стасов то мирно беседовали друг с другом, то яростно спорили о русской литературе, музыке, живописи. Тургенев, говоря о Стасове, представлял себе его как своего рода типическое обобщение спорщика, который, увлекаясь, по-своему истолковывает слова противника.

А.И. Герцен
Кто виноват?
(отрывок из романа)

Университе́т доверши́л воспита́ние Влади́мира Бе́льтова: до э́того вре́мени он был оди́н, тепе́рь попа́л в шу́мную семью́ това́рищей. Здесь он встре́тил горя́чую симпа́тию ю́ных друзе́й и, раскры́тый ко всему́ прекра́сному, стал занима́ться нау́ками. Сам дека́н не́ был равноду́шен к нему́, находя́, что ему́ недостаёт то́лько покоро́че воло́с и побо́льше почти́тельного благонра́вия[1], чтоб быть отли́чным студе́нтом.

Ко́нчился, наконе́ц, и курс. Пре́жде чем университе́тские друзья́ разошли́сь по бе́лу све́ту, собрали́сь они́ у Бе́льтова перед его́ отъе́здом. Все бы́ли ещё полны́ наде́жд; бу́дущее раскрыва́ло свои́ объя́тия, мани́ло. Молоды́е лю́ди черти́ли себе́ колосса́льные пла́ны. В уша́х Бе́льтова ещё раздава́лись кля́твы в дру́жбе, в ве́рности мечта́м, зву́ки чо́кающихся бока́лов. Мечта́тель мой с восто́ргом е́хал в Петербу́рг. Де́ятельность, де́ятельность!.. Там-то соверша́тся его́ наде́жды, там-то он разовьёт свои́ прое́кты, там узна́ет жизнь.

Прие́зд его́ в Петербу́рг и пе́рвое появле́ние в све́те бы́ло успе́шно. Он име́л рекоменда́тельное письмо́ к одно́й ста́рой де́ве[2] с ве́сом[3]. Она́ предста́вила Влади́мира своему́ бра́ту. Тот поговори́л с ним не́сколько мину́т и был поражён его́ просто́ю ре́чью, его́ многосторо́нним образова́нием и пы́лким, пла́менным умо́м. Он ему́ предложи́л записа́ть его́ в свою́ канцеля́рию, сам поручи́л дире́ктору обрати́ть на него́ осо́бенное внима́ние.

Влади́мир приня́лся за дела́. Ему́ понра́вилась бюрокра́тия, рассма́триваемая сквозь при́зму 19-ти лет, — бюрокра́тия хлопотли́вая, заня́тая, с номера́ми и регистрату́рой, с озабо́ченным ви́дом и ки́пами бума́г под руко́й; он ви́дел в канцеля́рии ме́льничное колесо́, кото́рое застав-

---

[1] Благонравие — хорошее поведение; повеление в соответствии с нормами данного общества, социальной группы; здесь: уважение к старшим по должности и возрасту.

[2] Дева — то же, что девушка; старая дева — о немолодой женщине, не бывшей замужем.

[3] С весом (перен.) — имеющая авторитет, влияние, значительная.

ля́ет дви́гаться ма́ссы люде́й, разбро́санных на полови́не земно́го ша́ра — он всё поэтизи́ровал. Молодо́й Бе́льтов мечта́л о бу́дущем; у него́ в голове́ броди́ли ра́зные наде́жды и пла́ны...

Управля́ющим четвёртым отделе́нием в той канцеля́рии, куда́ поступи́л Влади́мир, был О́сип Евсе́ич, ху́денький, се́денький старичо́к, лет шести́десяти, в потёртом фра́ке, всегда́ с дово́льным ви́дом и кра́сными щека́ми. Э́тот челове́к всего́ лу́чше мог служи́ть доказа́тельством, что не да́льние путеше́ствия, не университе́тские ле́кции, не широ́кий круг де́ятельности образу́ют челове́ка: он был чрезвыча́йно о́пытен в дела́х, в зна́нии люде́й и к тому́ же тако́й диплома́т, что, коне́чно, не отста́л бы ни от Остерма́на[1], ни от Талейра́на[2].

От приро́ды сметли́вый, он име́л по́лную возмо́жность разви́ть и воспита́ть свой практи́ческий ум; ему́ не меша́ли ни нау́ки, ни чте́ние, ни фра́зы, ни несбы́точные тео́рии, кото́рыми мы из книг по́ртим воображе́ние, ни блеск све́тской жи́зни, ни поэти́ческие фанта́зии. Он, перепи́сывая на́бело бума́ги и рассма́тривая в то же вре́мя люде́й на́черно, приобрета́л ежедне́вно бо́лее и бо́лее глубо́кое зна́ние действи́тельности, ве́рное понима́нье окружа́ющего и ве́рный такт поведе́ния, споко́йно прове́дший его́ ме́жду канцеля́рских о́мутов[3], чрезвыча́йно опа́сных.

Меня́лись гла́вные нача́льники, меня́лись дире́кторы, мелька́ли нача́льники отделе́ния, а нача́льник четвёртого отделе́ния остава́лся тот же, и все его́ люби́ли, потому́ что он был необходи́м и потому́ что он тща́тельно скрыва́л э́то; все отлича́ли его́ и отдава́ли ему́ справедли́вость, потому́ что он стара́лся соверше́нно стере́ть себя́; он всё знал, всё по́мнил по дела́м канцеля́рии; у него́ справля́лись, как в архи́ве, и он не лез вперёд; ему́ предлага́ли ме́сто нача́льника отделе́ния — он оста́лся ве́рен четвёртому отделе́нию; его́ хоте́ли предста́вить к кресту́[4] — он на два го́да отдали́л

---

[1] Остерман А.И. (1686—1747) — граф, дипломат, фактически руководил внутренней и внешней политикой России при императрице Анне Иоанновне.

[2] Талейран Шарль Морис (1754—1838) — выдающийся французский дипломат, мастер тонкой дипломатической интриги.

[3] Омут — глубокая яма на дне реки или озера; обстановка, окружение, которые затягивают человека и могут его погубить.

[4] Представить к кресту: здесь крест — награда, орден.

от себя́ крест, прося́ замени́ть его́ годовы́м окла́дом жа́лованья, то́лько потому́, что нача́льник тре́тьего отделе́ния мог позави́довать ему́. Тако́в он был во всём: никогда́ никто́ из посторо́нних не жа́ловался на его́ взя́точничество; никогда́ никто́ из сослужи́вцев не подозрева́л его́ в бескоры́стии.

Вы мо́жете себе́ предста́вить, ско́лько ра́зных дел прошло́ в продолже́ние сорока́ пяти́ лет че́рез его́ ру́ки, и никогда́ никако́е де́ло не вы́вело О́сипа Евсе́ича из себя́[1], не привело́ в негодова́ние, не лиши́ло весёлого расположе́ния ду́ха. Обы́чно он ока́нчивал де́ло как удо́бнее бы́ло: спра́вкой в Краснoя́рске, кото́рая не могла́ ра́ньше двух лет верну́ться, и́ли — это он люби́л бо́льше всего́ — пересы́лкой де́ла в другу́ю канцеля́рию, где уже́ друго́й нача́льник ока́нчивал по тем же пра́вилам этот гран-пасья́нс.

Ка́к-то раз, зако́нчив просма́тривать бума́ги и дав но́вую рабо́ту писца́м[2], О́сип Евсе́ич и его́ помо́щник заговори́ли о Влади́мире.

— А что, О́сип Евсе́ич, — спроси́л помо́щник, — как вам понра́вился но́вый молодо́й челове́к, из Москвы́, что ли?

— Ма́лый[3], ка́жется, бо́йкий; говоря́т, его́ *сам* определи́л.

— Да-с, то́чно, ма́лый у́мный. Я вчера́ чита́л бума́ги, им пи́санные: прекра́сно пи́шет, ей-бо́гу.

— Ви́дел и я, — фо́рмы не зна́ет; у него́ из де́ла выхо́дит рома́н, от кого́ сообщено́, кому́ пересла́ть — ему́ всё равно́; а спроси́ его́ — он нас, старико́в, пожа́луй, поу́чит. Снача́ла я сам бы́ло поду́мал: «Ка́жется, не глуп; ну, не привы́к к слу́жбе, привы́кнет», — а тепе́рь три ме́сяца вся́кий день хо́дит и со вся́кой дря́нью но́сится, горячи́тся, то́чно отца́ родно́го, прости́ го́споди, ре́жут, а он спаса́ет. Вида́ли мы таки́х молодцо́в... Покричи́т, покричи́т да так на всю жизнь чино́вником без вся́ких поруче́ний оста́нется, а сду́ру бу́дет над на́ми смея́ться: это-де[4] канцеля́рские чернорабо́чие; а чернорабо́чие-то всё и де́лают... Тру́тни![5] — заключи́л красноречи́вый нача́льник.

---

[1] Вывести из себя — лишить самообладания.

[2] Писец — тот, кто занимается переписыванием канцелярских бумаг.

[3] Малый (разг.) — с определением употребляется для обозначения человека как носителя каких-либо качеств: славный малый, добрый малый, умный малый и т. п.

[4] -де — частица, указывающая, что данные слова передают чужую речь (дескать).

[5] Трутень — человек, живущий чужим трудом, на чужой счёт.

В са́мом де́ле, собы́тия, как наро́чно, торопи́лись ему́ на подтвержде́ние. Бе́льтов вско́ре охладе́л к заня́тиям канцеля́рии, стал раздражи́телен, небре́жен. Управля́вший канцеля́рией призыва́л его́ к себе́ и говори́л, как не́жная мать, — не помогло́. Его́ призва́л мини́стр и говори́л, как не́жный оте́ц, так тро́гательно и так хорошо́, что чино́вник, бы́вший при э́том, прослези́лся, — и э́то не помогло́. Бе́льтов на́чал до того́ забыва́ться, что оскорбля́лся и́менно э́тим ро́дственным уча́стием посторо́нних, и́менно э́тими оте́ческими жела́ниями его́ испра́вить. Сло́вом, через три ме́сяца Влади́мир ушёл из канцеля́рии.

Э́тим и око́нчилась служе́бная карье́ра до́брого прия́теля на́шего, Влади́мира Петро́вича Бе́льтова. Что же де́лал Бе́льтов в продолже́ние сле́дующих десяти́ лет? Всё и́ли почти́ всё. Что он сде́лал? Ничего́ и́ли почти́ ничего́. Кто не зна́ет стари́нной приме́ты, что де́ти, сли́шком мно́го обеща́ющие, ре́дко мно́го исполня́ют. Отчего́ э́то? Неуже́ли си́лы у челове́ка развива́ются в тако́м определённом коли́честве, что е́сли они́ испо́льзуются в мо́лодости, так к совершенноле́тию ничего́ не оста́нется? Вопро́с премудрёный. Я его́ не уме́ю и не хочу́ разреша́ть, но ду́маю, что реше́ние его́ на́до скоре́е иска́ть в атмосфе́ре, в окружа́ющем, в влия́ниях и соприкоснове́ниях, чем в како́м-нибудь неле́пом психи́ческом устро́йстве челове́ка. Как бы то ни́ было, но приме́та испо́лнилась над голово́й Бе́льтова. Бе́льтов с ю́ношеской запа́льчивостью и с неоснова́тельностью мечта́теля серди́лся на обстоя́тельства и с вну́тренним у́жасом доходи́л во всём почти́ до того́ же после́дствия, кото́рое так красноречи́во вы́разил О́сип Евсе́ич: «А де́лают-то одни́ чернорабо́чие», — и де́лают оттого́, что бе́льтовы не уме́ют ничего́ де́лать и прино́сят на же́ртву челове́честву одно́ жела́ние, одно́ стремле́ние, ча́сто благоро́дное, но почти́ всегда́ беспло́дное.

Герцен Александр Иванович (1812—1870) — писатель, философ, революционный деятель. Один из идеологов «западничества», теории «русского социализма». Автор романов, повестей, мемуаров о проблемах русской и европейской жизни 40—60-х годов. Название его романа «Кто виноват?» стало одним из вечных вопросов русской общественной и политической жизни.

Вопросы и задания

1. Каким студентом был Бельтов: а) по мнению декана; б) по мнению товарищей; в) на ваш взгляд?

2. Чего ожидал Владимир от служебной карьеры? Были ли у него необходимые для этого данные?

3. Как добился успеха Осип Евсеич? Почему Осип Евсеич был недоволен Бельтовым?

4. Приведите пример удачно сделанной, на ваш взгляд, карьеры (в спорте, кино, политике, музыке и т. п.). Какую роль в ней сыграла «чёрная работа»?

5. Правда ли, что «дети, слишком много обещающие, редко много исполняют»?

6. Согласитесь или опровергните, что: 1) Бельтов — романтик, не понимающий окружающую жизнь; 2) Осип Евсеич — профессионал и приятный человек; 3) в неудачах Бельтова виновата окружающая среда; 4) университет развивает в юношах мечтательность и непрактичность.

Москва и Петербург

Говори́ть о настоя́щем Росси́и — зна́чит говори́ть о Петербу́рге, об э́том го́роде без исто́рии в ту и другу́ю сто́рону. Москва́, напро́тив, храни́т воспомина́ния проше́дшей сла́вы, всегда́ гляди́т наза́д, идёт за́дом наперёд и оттого́ не ви́дит европе́йских нача́л. Петербу́рг — расхо́жая моне́та, без кото́рой обойти́сь нельзя́. Москва́ — моне́та ре́дкая, возмо́жно, замеча́тельная для нумизма́та, но не употреби́мая. Ита́к, о го́роде настоя́щего, о Петербу́рге.

Ему́ не о чем вспомина́ть, кро́ме о Петре́ I, его́ проше́дшее сде́лано в оди́н век, у него́ нет исто́рии, да нет и бу́дущего; он вся́кую о́сень мо́жет ждать шква́ла[1], кото́рый его́ пото́пит. Петербу́рг — удиви́тельная вещь. Я всма́тривался, пригля́дывался к нему́ и в акаде́миях, и в канцеля́риях, и в каза́рмах, и в гости́ных, — а ма́ло по́нял, и Петербу́рг оста́лся зага́дкой как пре́жде.

---

[1] Шквал — внезапный, резкий порыв сильного ветра.

С того́ дня, как Пётр уви́дел, что для Росси́и одно́ спасе́ние — переста́ть быть ру́сской, с того́ дня, как он реши́лся дви́нуть нас во всеми́рную исто́рию, необходи́мость Петербу́рга и ненужность Москвы́ определи́лась. Пе́рвый, неизбе́жный шаг для Петра́ бы́ло перенесе́ние столи́цы из Москвы́. С основа́ния Петербу́рга Москва́ сде́лалась второстепе́нной, потеря́ла для Росси́и пре́жний смысл свой. Москву́ забы́ли по́сле Петра́ и окружи́ли тем уваже́нием, кото́рым окружа́ют стару́ху-ба́бушку, отнима́я у неё уча́стие в управле́нии дела́ми. Всё молодо́е, всё тала́нтливое, появля́вшееся в Москве́, отправля́лось в Петербу́рг писа́ть, служи́ть, де́йствовать.

В Петербу́рге все лю́ди вообще́ и ка́ждый в осо́бенности прескве́рные[1]. Петербу́рг люби́ть нельзя́, а я чу́вствую, что не стал бы жить ни в како́м друго́м го́роде Росси́и. В Москве́, напро́тив, все лю́ди предо́брые, то́лько с ни́ми ску́ка смерте́льная; в Москве́ есть своего́ ро́да полуди́кий, полуобразо́ванный быт, на него́ хорошо́ взгляну́ть, как на вся́кую осо́бенность, но он то́тчас надое́ст. Петербу́рг и нра́вов[2] свои́х не име́ет. Оригина́льного, самобы́тного в Петербу́рге ничего́ нет, не так, как в Москве́, где всё оригина́льно — от неле́пой архитекту́ры Васи́лья Блаже́нного[3] до вку́са калаче́й[4]. Петербу́рг тем и отлича́ется от всех городо́в европе́йских, что он на все похо́ж; Москва́ — тем, что она́ во́все не похо́жа ни на како́й европе́йский го́род, а есть гига́нтское разви́тие ру́сского бога́того села́.

У Петербу́рга нет серде́чной свя́зи с страно́й; у него́ есть поли́ция, река́, двор, семиэта́жные дома́, гва́рдия, тротуа́ры, и он дово́лен свои́м удо́бным бы́том, не име́ющим корне́й. В Москве́ мёртвая тишина́; лю́ди системати́чески ничего́ не де́лают, а то́лько живу́т и отдыха́ют перед трудо́м; в Москве по́сле 10 часо́в не найдёшь изво́зчика, не встре́тишь челове́ка на ино́й у́лице. В Петербу́рге все до тако́й сте́пени за́няты, что да́же не живу́т. Де́ятельность Петербу́рга бессмы́сленна, но привы́чка де́ятельности — вещь вели́кая. Петербу́ржец недово́лен настоя́щим, он рабо́тает, у него́

---

[1] Прескверный — очень плохой.

[2] Нрав — характер.

[3] Василия Блаженного собор построен русскими архитекторами Бармой и Постником в Москве в 1555–1561 гг. в честь покорения Казани.

[4] Калач — пшеничный хлеб в форме замка с дужкой.

есть ограниченная цель, и он её достигает. Москвич, преблагороднейший в душе, никакой цели не имеет и большей частью доволен собою.

Петербургские литераторы вдвое менее образованны, чем московские; они удивляются, приезжая в Москву, умным вечерам и беседам в ней. А между тем вся книжная деятельность только и существует в Петербурге. Там издаются журналы, там цензура умнее, там писал и жил Пушкин, Карамзин, даже Гоголь принадлежал более к Петербургу, чем к Москве. В Москве есть люди глубоких убеждений, но они сидят сложа руки; в Москве есть круги литературные, проводящие время в том, чтобы всякий день доказывать друг другу какую-нибудь полезную мысль, например, что Запад гниёт, а Русь цветёт.

Москвич любит кресты и церемонии, петербуржец — места и деньги; москвич любит аристократические связи, петербуржец — связи с должностными людьми. В Петербурге можно прожить года два, не догадываясь, какой религии он держится; в нём даже русские церкви приняли что-то католическое. В Москве на другой день приезда вы узнаете и услышите православие и его медный голос. Вся эта святыня бережётся стенами Кремля; стены Петропавловской крепости берегут казематы[1] и монетный двор.

Удалённая от политического движения, питаясь старыми новостями, Москва рада посещению, даёт балы и обеды и пересказывает анекдоты, Петербург, в центре которого все делается, ничему не радуется, никому не радуется, ничему не удивляется: если б порохом подорвали весь Васильевский остров, это сделало бы меньше волнения, чем приезд персидского посланника в Москву. В Москве принимают всякого иностранца за великого человека, в Петербурге — каждого великого человека за иностранца. Москвичи плачут, что в Рязани голод, а петербуржцы не плачут об этом, потому что они и не подозревают о существовании Рязани, а если и имеют тёмное понятие о внутренних губерниях, то абсолютно точно не знают, что там хлеб едят.

---

[1] Каземат — одиночная камера для политических заключенных в стене крепости; Петропавловская крепость была одной из самых известных политических тюрем в России.

Молодо́й москви́ч либера́лен, молодо́й петербу́ржец — форма́лен, как делова́я бума́га. В Петербу́рге вообще́ либера́лов нет, а е́сли поя́вится, то отправля́ется отсю́да не в Москву́, а в Сиби́рь.

В судьбе́ Петербу́рга есть что́-то траги́ческое, мра́чное и вели́чественное. Э́то люби́мое дитя́ се́верного велика́на. Не́бо Петербу́рга ве́чно се́ро; со́лнце, светя́щее на до́брых и злых, не све́тит на оди́н Петербу́рг; сыро́й ве́тер примо́рский свисти́т по у́лицам. Повторя́ю, ка́ждую о́сень он мо́жет ждать шква́ла, кото́рый его́ зато́пит. Взгляни́те на москвиче́й: им и не жа́рко и не хо́лодно, им о́чень хорошо́, и они́ дово́льны балага́нами[1], экипа́жами, собо́ю. И взгляни́те по́сле того́ в хоро́ший день на Петербу́рг. Торопли́во бегу́т несча́стные жи́тели из свои́х домо́в и броса́ются в экипа́жи, ска́чут на да́чи, острова́; они́ упива́ются[2] зе́ленью и со́лнцем, но привы́чка забо́ты не оставля́ет их, они́ зна́ют, что че́рез час пойдёт дождь, что за́втра, тру́женики канцеля́рии, они́ у́тром должны́ быть по места́м.

В Москве́ на ка́ждом шагу́ прекра́сный вид, Петербу́рг мо́жно исходи́ть с конца́ в коне́ц и не найти́ ни одного́ да́же неплохо́го ви́да; но пото́м ну́жно верну́ться на на́бережную Невы́ и сказа́ть, что все ви́ды Москвы́ — ничто́ перед э́тим. В Петербу́рге лю́бят ро́скошь, но не лю́бят ничего́ ли́шнего; в Москве́ и́менно одно́ ли́шнее счита́ется ро́скошью; оттого́ у ка́ждого моско́вского до́ма коло́нны, а в Петербу́рге нет; у ка́ждого моско́вского жи́теля не́сколько слуг, пло́хо оде́тых и ничего́ не де́лающих, а у петербу́ргского оди́н, чи́стый и ло́вкий.

Петербу́рг во всю жизнь ви́дел то́лько переворо́ты и пра́зднования, и во́все не зна́ет на́шего стари́нного бы́та. Москва́ то́лько по слу́ху зна́ет о переворо́тах. В своё вре́мя прие́дет курье́р, привезёт гра́мотку[3] — и Москва́ ве́рит печа́тному, кто царь и кто не царь, ве́рит, что Биро́н[4] — до́брый челове́к, а пото́м — что он злой челове́к, ве́рит, что сам бог сходи́л на

---

[1] Балаган — лёгкая постройка для театральных зрелищ на ярмарках, гуляньях, павильон.

[2] Упиваться — наслаждаться чем-либо, испытать восхищение от чего-либо.

[3] Грамотка — грамота, официальный правительственный документ.

[4] Бирон (1690–1772) — фаворит императрицы Анны Иоанновны, установивший в стране пронемецкий режим («бироновщина»).

зе́млю, чтоб посади́ть А́нну Иоа́нновну[1], а пото́м А́нну Леопо́льдовну[2], а пото́м Иоа́нна Анто́новича[3], а пото́м Елизаве́ту Петро́вну[4], а пото́м Петра́ Фёдоровича[5], а пото́м Екатери́ну Алексе́евну[6] на ме́сто Петра́ Фёдоровича. Петербу́рг о́чень хорошо́ зна́ет, что бог не пойдёт меша́ться в э́ти тёмные дела́, он ви́дел о́ргии Ле́тнего са́да, он ви́дел по́хороны Петра́ I и по́хороны Па́вла I[7].

В Москве́ здоро́вье уси́ливается насто́лько, что рабо́та вну́тренних о́рганов заменя́ет все де́йствия. В Петербу́рге нет ни одного́ то́лстого челове́ка. Из э́того я́сно, что кто хо́чет жить те́лом и ду́хом, тот не вы́берет ни Москвы́, ни Петербу́рга. В Петербу́рге он умрёт на полдоро́ге, а в Москве́ из ума́ вы́живет. Но так как есть фа́тум, кото́рый за нас избира́ет ме́сто жи́тельства, то э́то де́ло ко́нченное. Есть сто́роны в моско́вской жи́зни, кото́рые мо́жно люби́ть, есть они́ и в Петербу́рге.

Обеща́ют тепе́рь желе́зную доро́гу ме́жду Москво́й и Петербу́ргом. Дава́й бог! Че́рез э́тот кана́л Петербу́рг и Москва́ взойду́т под оди́н у́ровень, и, наве́рно, в Петербу́рге бу́дет деше́вле икра́, а в Москве́ двумя́ дня́ми ра́ньше бу́дут узнава́ть, каки́е номера́ иностра́нных журна́лов запрещены́. И то де́ло!

---

[1] Анна Иоанновна (1693–1740) — российская императрица с 1730 г., фактическим правителем при ней был Бирон.

[2] Анна Леопольдовна (1718–1746) — правительница России при малолетнем императоре Иоанне (Иване) VI, свергнута в 1741 г., умерла в ссылке.

[3] Иоанн VI Антонович (1740–1764) — российский император (1740–1741), унаследовавший русский престол после Анны Иоанновны; за младенца правили Бирон, затем Анна Леопольдовна. Свергнут гвардией, заключён в тюрьму, убит при попытке освободить его.

[4] Елизавета Петровна (1709–1762) — императрица с 1741 г., возведена на престол гвардией.

[5] Пётр III Фёдорович (1728–1762) — император с 1761 г., свергнут в результате переворота, организованного его женой Екатериной, убит.

[6] Екатерина II Алексеевна (1729–1796) — императрица с 1762 г., пришла к власти, свергнув при помощи гвардии Петра III.

[7] Павел I (1754–1801) — сын Екатерины Великой и Петра III, император с 1796 г.; убит в результате заговора, как полагают, с согласия его сына Александра I.

Вопросы и задания

1. Почему Петербург, по мнению Герцена, город настоящего? Спросите у ваших русских знакомых, что они думают об этом? Расскажите о городах вашей страны, которые можно назвать «город прошлого», «город настоящего», «город будущего», аргументируйте ваше мнение.

2. Какую роль сыграло основание Петербурга для России? Для Москвы?

3. Охарактеризуйте быт Москвы и Петербурга. Представьте, что вы должны нарисовать картины из жизни двух столиц. Что вы изобразите?

4. Какая разница между москвичами и петербуржцами? Нарисуйте портреты типичного москвича и петербуржца.

5. Как автор относится к Москве и Петербургу? Как вы думаете, что он мог бы сказать об этих городах сейчас?

6. Есть ли в вашей стране города, которые можно сравнить с Москвой и Петербургом (по их роли в истории и культуре государства)? Опишите их. Знаете ли вы, как они выглядели в эпоху, о которой пишет Герцен?

С.Ю. Витте
Из воспоминаний.
Об особенностях университетского образования

Проходя́ курс в университе́те, а сле́довательно, живя́ изве́стный пери́од вре́мени студе́нческой жи́знью, я духо́вно о́чень с ней сродни́лся и поэ́тому хорошо́ понима́ю, что тот, кто сам не прошёл ку́рса в университе́те, не жил в университе́те, тот никогда́ не в состоя́нии пра́вильно суди́ть о ну́ждах университе́та, тот никогда́ не поймёт, что означа́ет «университе́тская нау́ка», т. е. не поймёт ра́зницу между университе́том и вы́сшей шко́лой (хотя́ бы и прекра́сной шко́лой, как, наприме́р, наш лице́й Царскосéльский и́ли Шко́ла правоведе́ния). Между те́м ра́зница э́та весьма́ суще́ственна. Ра́зница ме́жду университе́том и шко́лой заключа́ется в том, что университе́т живёт свобо́дной нау́кой. Е́сли университе́т не живёт свобо́дной нау́кой, то в тако́м слу́чае он не досто́ин зва́ния университе́та. Тогда́ действи́тельно лу́чше уж преврати́ть университе́т в шко́лу, потому́ что шко́ла всё-таки тогда́ мо́жет дава́ть де́ятелей с определёнными зна́ниями, между те́м как университе́т без свобо́дной нау́ки не даст люде́й ни с больши́ми зна́ниями, ни с больши́м нау́чным разви́тием. Вообще́, не мо́жет быть с больши́м нау́чным разви́тием челове́к, не проше́дший и не позна́вший свои́м существо́м свобо́дную нау́ку. Когда́ стремя́тся университе́т поста́вить в жёсткие грани́цы как в смы́сле лиц уча́щих, так и уча́щихся, то не понима́ют, что таки́м путём нау́ка развива́ться не мо́жет. Без свобо́дной нау́ки не мо́жет созда́ться ни нау́чных знамени́тых произведе́ний, ни нау́чных откры́тий, ни знамени́тостей. Университе́т, кро́ме того́, представля́ет из себя́ таку́ю сре́ду для нау́чного разви́тия молоды́х люде́й, каку́ю не мо́жет предста́вить никака́я вы́сшая шко́ла, потому́ что в университе́те преподаю́тся все нау́чные катего́рии зна́ний, кото́рые в да́нный моме́нт име́ет челове́чество, и студе́нты живу́т в атмосфе́ре э́тих зна́ний. Так, наприме́р, студе́нты матема́тики специа́льно занима́ются то́лько матема́тикой, сдаю́т они́ экза́мены то́лько по матема́тике, но вме́сте с тем в тече́ние всей свое́й жи́зни в университе́те они́ не чу́жды и всем остальны́м отрасля́м нау́ки. Студе́нт с утра́ до ве́чера нахо́дится в среде́ студе́нчества, он постоя́нно ста́лкивается с разли́чными мы́слями и иде́ями, которые воспринимают студенты других факультетов. Так, например, я, будучи студентом математики, очень интересовался предметами юридического факультета. И если на каком-нибудь факультете появлялся талантливый профессор, то его лекции приходили слушать студенты других факультетов. Таким образом, в течение всей университетской жизни (в течение 4 лет), если университет действительно удовлетворяет своему назначению, то есть если в нём преподают свободную науку и преподают её студентам, которые способны воспринять эту науку, то, изучая предметы одной категории, студенты в то же время находятся в сфере наук всех категорий, которыми в данный момент обладает человечество. Поэтому правильно поставленный университет есть самый лучший механизм для научного развития. Вот с этой точки зрения многие говорят: важно, чтобы студент приобрёл не научные знания, а научное развитие.

Витте Сергей Юльевич (1849–1915) — известный политический и государственный деятель России конца XIX — начала XX века. В своих мемуарах дал широкую картину общественной жизни России от царствования Александра II до Николая II. С именем Витте связаны глубокие реформы на транспорте, в финансах и др.

Вопросы и задания

1. В чём, с точки зрения автора, существенное отличие университета от высшей школы?

2. Какие преимущества даёт университетское образование? Согласны ли вы с автором или хотели бы возразить ему?

3. Почему университет является самым лучшим механизмом для научного развития? В чём, на ваш взгляд, заключается это развитие?

4. Согласны ли вы, что важнее дать студенту научное развитие, а не просто научные знания? Обоснуйте свою точку зрения.

5. Сформулируйте основные задачи высшего образования сегодня. Что вас удовлетворяет и что не нравится вам в известных вам системах образования?

О.И. Сенковский
«Сочинения барона Брамбеуса»

Теория образованной беседы

Я о́чень ча́сто слы́шу: «У нас ещё нет бесе́ды!» Как э́то жаль! Научи́те же нас бесе́довать, вы, кото́рые говори́те, что у нас нет бесе́ды.

Бесе́да есть иску́сство вме́шиваться языко́м в чужи́е дела́. Как вся́кое иску́сство, она́ име́ет свои́ пра́вила. Есть ра́зные бесе́ды. Одна́ из них, са́мая есте́ственная и са́мая поле́зная, называ́ется — глу́пая бесе́да. Э́то цари́ца бесе́д, бесе́да чистосерде́чная, до́брая, открове́нная, о́чень похо́жая на дру́жбу, хотя́ бо́льшей ча́стью происхо́дит между людьми́, соверше́нно чу́ждыми друг дру́гу. В ней уча́ствуют все вообще́; она́ обрабо́тана наилу́чшим о́бразом, доведена́ до соверше́нства на це́лом земно́м ша́ре и одна́ заключа́ет в себе́ исто́чник основа́тельного зна́ния: то́лько из э́той бесе́ды вы мо́жете соста́вить себе́ по́лную и хоро́шую стати́стику недоста́тков, поро́ков, средств и глу́постей сосе́дей и прия́телей.

Второ́й род бесе́ды — бесе́да поучи́тельная. Она́ тепе́рь вы́шла из употребле́ния, но в пре́жние времена́ при ней о́чень хорошо́ спало́сь.

Бесе́да ме́жду деловы́ми и любо́вниками не называ́ется бесе́дой, но ме́тодом взаи́много надува́ния[1]. Прито́м она произво́дится по угла́м.

Наконе́ц, после́дний и са́мый утончённый род бесе́ды — бесе́да изя́щная и́ли образо́ванная. Она́ рассужда́ет ни о чём и ни о ком. Э́то верх иску́сства. Когда́ наро́д дохо́дит до тако́й сте́пени у́мственного соверше́нства, что мо́жет по це́лым су́ткам говори́ть умно́ ни о чём и ни о ком, тогда́ то́лько он досто́ин и́мени и́стинно образо́ванного наро́да.

Мы, ру́сские, мо́жем без преувеличе́ния сказа́ть о себе́, что уже́ дости́гли полови́ны э́того соверше́нства: мы уже́ о́чень хорошо́ и пла́вно разгова́риваем ни о чём и то́лько не зна́ем, как сде́лать, что́бы, собра́вшись вме́сте, не говори́ть о ко́м-нибудь. А в э́том вся си́ла!

О чём же говори́ть когда́ вы запреща́ете разгово́р о ко́м-нибудь?.. Как о чём! Говори́те ка́ждый о себе́. Иску́сство образо́ванной и́ли изя́щной

---

[1] Надувание — обман.

беседы состоит именно в том, чтобы каждый говорил о себе, но так, чтоб другие этого не примечали. Несправедливо утверждают наши пессимисты, будто у нас вовсе нет изящной беседы. Я сто раз бывал в обществах, в которых все мы говорили очень умно весь вечер и ровно ничего не сказали.

Вот, например, вчера у моего почтенного приятеля Павла Аполлоновича. На диване сидит всегда мисс Дженни, розовая англичаночка, и тоненькими английскими ручками полощет чашки. Она сидела там и вчера. Подле[1] неё сидела Катерина Павловна; подле Катерины Павловны София Николаевна; подле Софии Николаевны Каролина Егоровна — далее Иван Иванович. Возле него Пётр Петрович; рядом с ним Илья Сергеевич и Сергей Ильич; там Фёдор Тимофеевич и Тимофей Алексеевич — а здесь я, Павел Аполлонович и какой-то господин в очках.

У Павла Аполлоновича есть идея, что он тайный советник: это основание его ума и мера, к которой он приводит людей и вещи. Идея Фёдора Тимофеевича — карты: он, когда размышляет, только об этом; это есть его любимая дума после забот, после дел, даже средь дел и забот; он отдыхает на этой думе. Фёдор Тимофеевич — человек умный и образованный, как все, которые тут были; он скрывает свою идею, но я знаю, что это так... Идея Тимофея Алексеевича — фабрики; Каролины Егоровны идея — двор. У Сергея Ильича есть идея — английская верховая лошадь; у Ильи Сергеевича есть идея — петербургский климат; у Катерины Павловны есть идея — счастье; у Петра Петровича есть идея — архитектура; идея Иван Иваныча — его коллекция, а идея Софии Николаевны — что нет ничего прелестнее её носика. У розовой англичанки своя идея — что она англичанка, а это все русские. Моя идея — что человек выдуман только для одной идеи, а идея господина в очках — что он поэт, а это самая странная из всех идей.

Первые чашки душистого чаю мгновенно разогрели все эти идеи. Из движения их начало постепенно образовываться то, что называют общим разговором. Каждый из собеседников начал неприметно вести разговор к своей идее.

Каролина Егоровна говорила о дворе. Сергей Ильич скакал вокруг её рассказа и не находил нигде места, чтоб вскочить в него на

---

[1] Подле — очень близко, совсем рядом.

20

своей английской лошади. Каролина Егоровна уже сходила с дворцовой лестницы и стояла за колонной, ожидая, пока подадут карету, Сергей Ильич уже заговорил о колонне, уже хотел сказать, что видел её там, проезжая в эту минуту по площади на своей английской лошади, как Пётр Петрович схватил эту колонну обеими руками и начал рассуждать об архитектуре — перестраивать все дворцы и дома, протягивать фронтоны во всю длину зданий, воздвигать арки в готическом стиле и восхищаться формой куполов у афинян. Тут он упомянул о куполе собора Святого Павла в Лондоне, и Сергей Ильич перешёл к анекдоту об английских ворах, от которых перешагнул он в английский парламент, который прямо приводил его к английским лошадям и к его верховой езде. Я уже видел, как он в мысли седлал свою лошадь.

По несчастью, он произнёс слово «промышленность» — как не произнести его, говоря об Англии! — и проиграл дело: Иван Иванович, который в тот самый день дёшево купил на аукционе две китайские куклы, возразил, что китайцы не уступают англичанам в тонкости и изяществе изделий. Удар был ловкий и счастливый: он открыл Ивану Ивановичу прекрасный случай выложить всю старую бронзу, купленную им очень дёшево вместе с куклами.

...Несчастный Иван Иванович! Напротив тебя сидел Илья Сергеевич с пасмурной идеей петербургского климата!.. Илья Сергеевич давно уже искал случая сказать, что вчера шёл дождь, а сегодня поутру была прекрасная погода, которая скоро сменилась холодным ветром, и не успел вставить это наблюдение ни в придворные вести Каролины Егоровны, ни между афинских куполов Петра Петровича, ни в английский парламент Сергея Ильича. Теперь пришла его очередь.

— Позвольте вам заметить, — сказал он, вы говорите о китайской промышленности и сравниваете её с европейской. Образованность Китая неподвижна; он не изменился в течение четырёх тысяч лет...

Вы, верно, подумаете, что Илья Сергеевич действительно хотел говорить о Китае и сравнивать его образованность с нашею? О, как вы жестоко ошибаетесь! Илья Сергеевич заговорил о неизменности Китая единственно потому, что видел возможность легко перейти от неё к переменчивости петербургского климата.

— Но господа! — это было сказано по-французски Софией Николаевной, которая мигом поняла всю пользу нового предмета: она надеялась, что по случаю китайской образованности зайдёт речь о китайских носах, которые очень некрасивы, и что все, конечно, заметят её носик, составляющий коренную идею её логики. — Но, господа, — сказала она, — вы принимаете сторону таких безобразных людей, что я начинаю сомневаться в вашем чувстве прекрасного.

Тут пошёл разбор китайского лица, и все приняли участие в разборе. Носик Софии Николаевны сиял в это время, как Галлеева комета, которая ещё не сияет, но будет сиять.

Я не стану описывать подробности дальнейшего хода вчерашней беседы. Она производилась таким же образом до самого конца.

Катерина Павловна говорила очень мило о счастье по поводу очков поэта.

Фёдор Тимофеевич, услышав речь о счастье, рассказал своим соседям, как он три дня назад три раза выиграл в карты. Такого счастья он никогда ещё не видывал!

Иван Иванович отыскал-таки возможность порассказать историю о старой бронзе, купленной им с молотка, и вообще говорил об этом очень хорошо.

Потом зашёл разговор об египетских древностях. И так далее.

Расходясь, многие из нас повторяли: «Редко найдётся другой дом в Петербурге, где бы беседа была так образованна и приятна, как у Павла Аполлоновича!» Одним словом, все были в восхищении — исключая меня да ещё Ильи Сергеевича, которого идея пропала без пользы, потому что во весь вечер ему ни разу не пришлось к слову сказать что-нибудь про петербургский климат. Бедный Илья Сергеевич! Я слышал, однако ж, что после нашего ухода, когда сели играть в карты, он успел слегка намекнуть, что вчера шёл «дождик». И я очень рад этому!

Что касается до меня, то я решительно не мог ввернуть своей идеи ни в один из тысячи одного предметов вчерашней нашей беседы, и признаюсь, не видел другого средства облегчить свою досаду, как пересказать вам здесь эту знаменитую идею.

Сенковский Осип Иванович (1800—1858) — востоковед, писатель, критик, создатель жанра научно-философской повести; редактор и издатель журнала «Библиотека для чтения». Писал «восточные», светские, бытовые повести, фельетоны. Характерны лёгкость и занимательность изложения, многообразие тем, ироничность и непринуждённость слога.

Вопросы и задания

1. Как автор характеризует разные виды беседы?

2. Почему образованная беседа — верх искусства?

3. Какие идеи есть у гостей Павла Аполлоновича?

4. Запишите разговор между гостями в форме диалога и разыграйте его.

5. Какие виды беседы существуют сейчас, по вашему мнению? Чем они отличаются друг от друга? А вы умеете вести «образованную беседу»?

Ф.М. Достоевский
Преступление и наказание
(отрывки из романа)

1

Почти рядом с Раскольниковым на другом столике сидел студент, которого он совсем не знал и не помнил, и молодой офицер. Они сыграли на бильярде и стали пить чай. Вдруг он услышал, что студент говорит офицеру про Алёну Ивановну и сообщает ему её адрес. Это уже одно показалось Раскольникову как-то странным: он сейчас оттуда, а тут как раз про неё же.

— Славная она, — говорил он, — у ней всегда можно денег достать. Богата, может сразу пять тысяч выдать, а и рублёвым закладом не брезгает[1]. Только стерва[2] ужасная...

И он стал рассказывать, какая она злая, капризная, процентов по пяти и даже по семи берёт в месяц и т. д. Студент сообщил, кроме того, что у старухи есть сестра, Лизавета, которую она бьёт поминутно и держит как маленького ребёнка.

Они стали говорить о Лизавете. Лизавета была младшая, сводная (от разных матерей) сестра старухи, и было ей уже тридцать пять лет. Она работала на сестру день и ночь, была в доме вместо кухарки и прачки и, кроме того, шила на продажу, даже полы мыть нанималась, и всё сестре отдавала. Никакого заказу и никакой работы не смела взять на себя без позволения старухи. Старуха же уже сделала своё завещание, что известно было самой Лизавете, которой по завещанию не доставалось ни гроша[3], кроме движимости[4], стульев и прочего; деньги же все назначались в один монастырь.

---

[1] Брезгать — испытывать отвращение к чему-либо, кому-либо.

[2] Стерва — плохая, подлая женщина.

[3] Ни гроша — нисколько, ничего; грош — старинная денежная единица, $1/2$ копейки (до 1917 г.).

[4] Движимость — домашние вещи, мебель; то, что можно перенести в другой дом.

— Нет, вот что я тебе скажу́, — с жа́ром говори́л студе́нт. — Я бы ту стару́ху уби́л и огра́бил, и уверя́ю тебя́, что без вся́кого угрызе́ния со́вести[1]. Я тебе́ серьёзный вопро́с зада́ть хочу́, смотри́: с одно́й стороны́, глу́пая, зла́я, больна́я старушо́нка, никому́ не ну́жная, кото́рая сама́ не зна́ет, для чего́ живёт, и кото́рая за́втра же сама́ собо́й умрёт. Понима́ешь? Понима́ешь?

— Ну, понима́ю, — отвеча́л офице́р.

— Слу́шай да́льше. С друго́й стороны́, молоды́е, све́жие си́лы без подде́ржки, и э́то ты́сячами, и э́то всю́ду! Сто, ты́сячу до́брых дел, кото́рые мо́жно устро́ить на стару́хины де́ньги, обречённые в монасты́рь! Убе́й её и возьми́ её де́ньги, с тем чтобы с их по́мощью служи́ть челове́честву и о́бщему де́лу: как ты ду́маешь? За одну́ жизнь — ты́сячи жи́зней, одна́ смерть и сто жи́зней взаме́н — да ведь тут арифме́тика! Да и что зна́чит на о́бщих веса́х жизнь э́той глу́пой и злой старушо́нки?

— Коне́чно, она́ недосто́йна жить, — заме́тил офице́р, — но ведь тут приро́да. Стой; я тебе́ зада́м вопро́с. Слу́шай!

— Ну!

— Вот ты тепе́рь говори́шь и ора́торствуешь, а скажи́ ты мне: убьёшь ты САМ стару́ху и́ли нет?

— Разуме́ется, нет! Я для справедли́вости... Не во мне тут и де́ло...

— А по-мо́ему, коль[2] ты сам не реша́ешься, так нет тут никако́й и справедли́вости!

Вопросы и задания

1. Что мы узнаём о старухе и Лизавете из рассказа студента?

2. Почему студент считает, что убить и ограбить старуху будет справедливо?

3. Каковы аргументы офицера в этом споре? На чьей вы стороне и почему?

4. Как, по-вашему, выглядят старуха, Лизавета, их дом, трактир, где разговаривают герои? Опишите.

---

[1] Без угрызения совести — так, что совесть не будет мучить, без сомнений.

[2] Коль (устар.) — если.

5. Приведите примеры жизненных ситуаций, когда требуется выбрать, «одна смерть и сто жизней взамен».

2

Раскóльников до тогó смея́лся, что так со смéхом и вступи́ли в кварти́ру Порфи́рия Петрóвича. Порфи́рий Петрóвич как тóлько услы́шал от Разуми́хина, что гость имéет до негó «дéльце», тóтчас попроси́л егó сесть на дивáн, сам усéлся на другóм концé. Раскóльников кóротко изложи́л дéло. Порфи́рий Петрóвич вы́шел приказáть чáю и ми́гом верну́лся.

— У меня́, брат, со вчерáшнего твоегó головá, — нáчал он совсéм други́м тóном к Разуми́хину.

— А что, интерéсно бы́ло? Кто победи́л? — спроси́л Разуми́хин.

— Да никтó, разумéется. Спóрили, есть и́ли нет преступлéние. По пóводу всех э́тих вопрóсов, преступлéний мне вспóмнилась тепéрь однá вáша статéйка, — обрати́лся к Раскóльникову Порфи́рий Петрóвич. — «О преступлéнии»... и́ли как там у вас, забы́л назвáние, не пóмню. Два мéсяца назáд имéл удовóльствие в «Периоди́ческой рéчи» прочéсть.

— Моя́ статья́? В «Периоди́ческой рéчи»? — с удивлéнием спроси́л Раскóльников. — Я действи́тельно написáл полгóда назáд одну́ статью́, рассмáтривал, пóмнится, психологи́ческое состоя́ние престу́пника в продолжéние всегó хóда преступлéния.

— Да-с, и настáиваете, что преступлéние сопровождáется всегдá болéзнью. Óчень, óчень оригинáльно, но... меня́ сóбственно не э́та часть вáшей статéйки заинтересовáла, а нéкоторая мысль в концé статьи́... Одни́м слóвом, éсли припóмните, существу́ют на свéте бýдто бы нéкоторые таки́е ли́ца, котóрые мóгут... то есть не то, что мóгут, а пóлное прáво имéют совершáть вся́кие преступлéния, и что для них бýдто бы и закóн не пи́сан[1].

— Да как же э́то? — спроси́л Разуми́хин.

Всё дéло в том, что в их статьé все лю́ди кáк-то разделя́ются на «обыкновéнных» и «необыкновéнных». Обыкновéнные не имéют прáва преступáть закóна, потому́ что они́, ви́дите ли, обыкновéнные. А необыкновéнные имéют прáво дéлать вся́кие преступлéния и вся́чески преступáть

---

[1] Закóн не пи́сан — нет обязáтельных прáвил, норм поведéния для когó-л.

зако́н потому́, что они́ необыкнове́нные. Так у вас, ка́жется, е́сли то́лько не ошиба́юсь.

— Быть не мо́жет, чтобы так! — бормота́л Разуми́хин.

— Э́то не совсе́м так у меня́, — на́чал Раско́льников про́сто и скро́мно. — Я про́сто намекну́л, что «необыкнове́нный» челове́к име́ет пра́во... то есть не официа́льное пра́во, а сам име́ет пра́во разреши́ть свое́й со́вести перешагну́ть... че́рез ины́е препя́тствия, и в том то́лько слу́чае, е́сли исполне́ние его́ иде́и того́ потре́бует. По-мо́ему, е́сли бы Ньюто́новы откры́тия не могли́ бы стать изве́стными лю́дям ина́че как с поже́ртвованием жи́зни одного́, десяти́, ста и так да́лее челове́к, то Ньюто́н име́л бы пра́во, да́же был бы обя́зан... устрани́ть э́тих де́сять и́ли сто челове́к, чтобы сде́лать изве́стными свои́ откры́тия всему́ челове́честву. Да́лее, по́мнится мне, в мое́й статье́ говори́тся, что все... ну, наприме́р, хоть законода́тели челове́чества, начина́я с древне́йших, продолжа́я Лику́ргами, Соло́нами, Магоме́тами, Наполео́нами и так да́лее, все до еди́ного бы́ли престу́пники, уже́ тем одни́м, что, дава́я но́вый зако́н, тем са́мым наруша́ли дре́вний и уж, коне́чно, не остана́вливались и перед кро́вью, е́сли кровь могла́ им помо́чь. Одни́м сло́вом, я вывожу́, что и все, не то что вели́кие, но и чуть-чуть спосо́бные сказа́ть что́-нибудь но́венькое, должны́, по приро́де свое́й, быть непреме́нно престу́пниками — бо́лее и́ли ме́нее, разуме́ется.

Что же каса́ется до моего́ деле́ния люде́й на обыкнове́нных и необыкнове́нных, то я то́лько в гла́вную мысль мою́ ве́рю. Она́ и́менно состои́т в том, что лю́ди, по зако́ну приро́ды, разделя́ются на обыкнове́нных, то есть, так сказа́ть, на материа́л, и со́бственно на люде́й, то есть име́ющих дар и́ли тала́нт сказа́ть в среде́ свое́й но́вое сло́во.

— Извини́те, вы в бо́га ве́руете? Извини́те, что так любопы́тствую.

— Ве-ве́рую. Заче́м вам э́то?

— Буква́льно ве́руете?

— Буква́льно.

— Благодарю́. Но вот скажи́те: чем же бы отличи́ть э́тих необыкнове́нных-то от обыкнове́нных? При рожде́нии, что ль, зна́ки таки́е есть? Я в том смы́сле, что тут на́до бы побо́лее то́чности. Извини́те во мне есте́ственное беспоко́йство практи́ческого челове́ка, но нельзя́ ли тут оде́жду, наприме́р, осо́бую носи́ть, что ли?.. Потому́, согласи́тесь, е́сли один из одного разряда вообразит, что он принадлежит к другому разряду, и начнёт «устранять все препятствия», как вы весьма счастливо выразились, так ведь тут...

— О, это весьма часто бывает! Это замечание ваше ещё даже остроумнее давешнего[1].

— Благодарю.

— Не стоит; но примите в соображение, что ошибка возможна ведь только со стороны первого разряда, то есть «обыкновенных» людей, многие из них любят воображать себя передовыми людьми. Действительно же новых они в то же время часто не замечают.

— Ну, по крайней мере с этой стороны вы меня хоть несколько успокоили; но вот ведь опять беда: скажите, пожалуйста, много ли таких людей, которые других-то резать право имеют, необыкновенных-то этих? Ведь согласитесь, жутко, если уж очень много их будет, а?

— О, не беспокойтесь и в этом, — тем же тоном продолжал Раскольников. — Вообще людей с новой мыслью, даже чуть-чуть только способных сказать хоть что-нибудь новое, необыкновенно мало рождается, даже до странности мало.

— Да что вы оба, шутите, что ль? — закричал, наконец, Разумихин. — Морочите[2] вы друг друга иль нет? Сидят и один над другим подшучивают! Ты серьёзно, Родя?

Вопросы и задания

1. Чем отличаются «обыкновенные» люди от «необыкновенных», по мнению Раскольникова?

2. Как относится к идее Раскольникова Порфирий Петрович? Какими средствами Достоевский выражает это? Почему Порфирий Петрович спрашивает Раскольникова о буквальной вере в бога?

3. Какая разница между идеей Раскольникова и мыслями студента (ч. 1)?

---

[1] Давешний — происходивший, случившийся за некоторое время до настоящей минуты.

[2] Морочить — обманывать, дурачить.

4. К какой категории людей Раскольников относит себя и почему?

5. Что вы думаете о теории Раскольникова? Были ли аналогичные теории в мировой истории и какие имели последствия?

6. Представьте, что вам нужно написать статью о причинах и психологии преступлений. Что вы напишете?

3

Он пролежа́л в больни́це весь коне́ц поста́ и святу́ю[1]. Уже́ выздора́вливая, он припо́мнил свой сны, когда́ ещё лежа́л в жару́ и в бреду́.

Ему́ гре́зилось в боле́зни, бу́дто весь мир осуждён в же́ртву како́й-то стра́шной, неслы́ханной и неви́данной морово́й я́зве[2], иду́щей из глубины́ А́зии на Евро́пу. Все должны́ бы́ли поги́бнуть, кро́ме не́которых, весьма́ немно́гих и́збранных. Появили́сь каки́е-то но́вые трихи́ны, существа́ микроскопи́ческие, вселя́вшиеся в тела́ люде́й. Но э́ти существа́ бы́ли ду́хи, одарённые умо́м и во́лей. Лю́ди, приня́вшие их в себя́, станови́лись то́тчас же беснова́тыми[3] и сумасше́дшими. Но никогда́, никогда́ лю́ди не счита́ли себя́ так у́мными и непоколеби́мыми в и́стине, как счита́ли заражённые. Никогда́ не счита́ли непоколеби́мее свои́х пригово́ров, свои́х нау́чных вы́водов, свои́х нра́вственных убежде́ний и ве́рований. Це́лые селе́ния, це́лые города́ и наро́ды заража́лись и сумасше́ствовали. Все бы́ли в трево́ге и не понима́ли друг дру́га, вся́кий ду́мал, что в нём в одно́м и заключа́ется и́стина, и му́чился, гля́дя на други́х, бил себя́ в грудь, пла́кал и лома́л себе́ ру́ки. Не зна́ли, кого́ и как суди́ть, не могли́ согласи́ться, что счита́ть злом, что добро́м. Не зна́ли, кого́ обвиня́ть, кого́ опра́вдывать.

Лю́ди убива́ли друг дру́га в како́й-то бессмы́сленной зло́бе. Собира́лись друг на дру́га це́лыми а́рмиями, но а́рмии, уже́ в похо́де, вдруг начина́ли са́ми терза́ть себя́, ряды́ расстра́ивались, во́ины броса́лись друг на дру́га, коло́лись и ре́зались, куса́ли и е́ли друг дру́га. В города́х це́лый день

---

[1] Весь конец поста и святую (неделю) — у православных христиан Пасхе предшествует сорокадневный Великий пост; святая неделя — Пасхальная неделя.

[2] Моровая язва — болезнь, вызывающая большую смертность (мор).

[3] Бесноватый — душевнобольной, ненормальный.

били в набат[1]: созывали всех, но кто и для чего зовёт, никто не знал того, а все были в тревоге. Оставили самые обыкновенные ремёсла, потому что всякий предлагал свои мысли, свои поправки, и не могли согласиться; остановилось земледелие. Кое-где люди сбегались в кучи, соглашались вместе на что-нибудь, клялись не расставаться, — но тотчас же начинали что-нибудь совершенно другое, чем сейчас же сами предполагали, начинали обвинять друг друга, дрались и резались.

Начались пожары, начался голод. Всё и вся погибало. Язва росла и подвигалась дальше и дальше. Спастись во всём мире могли только несколько человек, это были чистые и избранные, предназначенные начать новый род людей и новую жизнь, обновить и очистить землю, но никто и нигде не видал этих людей, никто не слыхал их слова и голоса.

Достоевский Фёдор Михайлович (1821—1881) — великий русский писатель, автор романов и повестей. В его произведениях сочетаются напряжённый сюжет и глубокий психологизм, раскрываются самые потаённые уголки человеческой души. Писателя волновали проблемы совести, ответственности человека за свои поступки, спасения души через самопожертвование, красоту и любовь к людям.

Вопросы и задания

1. Какая болезнь поразила мир (во сне Раскольникова)?
2. Почему мир начал погибать? Как вели себя люди?
3. Сравните статью Раскольникова (ч. 2) и его сон.

---

[1] Бить в набат — звоном колокола сообщать о бедствии, звать на помощь.

Братья Карамазовы
(отрывок из романа)

Великий инквизитор

И вот сто́лько веко́в моли́ло челове́чество с ве́рой и пла́менем: «Го́споди, яви́сь нам», сто́лько веко́в взыва́ло к нему́, что Госпо́дь возжела́л снизойти́[1] к моля́щим. Э́то бы́ло в Испа́нии, в са́мое стра́шное вре́мя инквизи́ции.

По безме́рному милосе́рдию своему́ он прохо́дит ещё раз между люде́й в том са́мом о́бразе челове́ческом, в кото́ром ходи́л три го́да между людьми́ пятна́дцать веко́в наза́д.

Он появи́лся ти́хо, незаме́тно, и вот все — стра́нно э́то — узнаю́т его́. Наро́д непобеди́мой си́лой стреми́тся к нему́, окружа́ет его́, сле́дует за ним. Наро́д целу́ет зе́млю, по кото́рой идёт он. Де́ти броса́ют пред ним цветы́. И вот, в э́ту са́мую мину́ту вдруг прохо́дит ми́мо собо́ра по пло́щади сам кардина́л вели́кий инквизи́тор.

Э́то девяностоле́тний стари́к, высо́кий и прямо́й. Он в ста́рой, гру́бой мона́шеской свое́й ря́се[2]. Он всё ви́дел, и лицо́ его́ омрачи́лось. Он вели́т стра́жам взять его́. И вот, такова́ его́ си́ла, что толпа́ неме́дленно раздвига́ется пред стра́жами, и те уво́дят его́. Толпа́ момента́льно, вся как оди́н челове́к, склоня́ется голова́ми до земли́ пред ста́рцем инквизи́тором. Страж приво́дит пле́нника в те́сную мра́чную тюрьму́ и запира́ет в неё.

Прохо́дит день, настаёт ночь, тёмная, горя́чая. Вдруг отворя́ется желе́зная дверь тюрьмы́, и сам стари́к вели́кий инквизи́тор со свети́льником в руке́ ме́дленно вхо́дит в тюрьму́. Он оди́н, дверь за ним то́тчас же запира́ется.

Наконе́ц ти́хо подхо́дит, ста́вит свети́льник на стол и говори́т ему́: «Э́то ты? ты? — но, не получа́я отве́та, бы́стро прибавля́ет: — Не отвеча́й, молчи́. Да и что бы ты мог сказа́ть? Я сли́шком зна́ю, что ты ска́жешь. Заче́м же ты пришёл нам меша́ть? За́втра же, за́втра же я осужу́ и сожгу́ тебя́ на костре́, как зле́йшего из еретико́в, и тот са́мый наро́д, кото́рый

---

[1] Возжелал снизойти (устар.) — захотел спуститься.

[2] Ряса — верхняя одежда монаха, священника.

сегодня целовал твой ноги, завтра же бросится подгребать к твоему костру угли, знаешь ты это?

Не ты ли так часто тогда говорил: «Хочу сделать вас свободными». Но вот ты теперь увидел этих «свободных людей». Пятнадцать веков мучились мы с этою свободой, но теперь это кончено, и кончено крепко. Ты не веришь, что кончено? Ты смотришь на меня кротко и не удостаиваешь меня даже негодования?

Тебя предупреждали, — говорит он ему, — но ты отверг[1] единственный путь, которым можно было сделать людей счастливыми, но, к счастью, уходя, ты передал дело нам.

Страшный и умный дух, дух небытия говорил с тобой в пустыне. Вспомни первый вопрос его: «Ты хочешь идти в мир и идёшь с голыми руками, с каким-то обетом[2] свободы, которого боятся они. А видишь ли камни в этой пустыне? Обрати их в хлебы, и за тобой побежит человечество как стадо, благодарное и послушное». Но ты не захотел лишить человека свободы и отверг предложение, ибо[3] какая же свобода, рассудил ты, если послушание куплено хлебами? Ты возразил, что человек жив не единым хлебом. Ты обещал им хлеб небесный, но может ли он сравниться в глазах слабых людей с земным?

Взгляни же, что сделал ты далее. Ты пожелал свободной любви человека, чтобы свободно пошёл он за тобою. Вместо твёрдого древнего закона — свободным сердцем должен был человек решать сам, что добро и что зло, но неужели ты не подумал, что он отвергнет же наконец и оспорит даже и твой образ и твою правду, если получит свободу выбора?

Ты не сошёл с креста, когда кричали тебе, издеваясь и дразня тебя: «Сойди с креста и уверуем, что это ты». Ты не сошёл потому, что опять не захотел поработить человека чудом и жаждал[4] свободной веры, а не чудесной. Жаждал свободной любви, а не рабских восторгов невольника. Но и тут ты судил о людях слишком высоко. Вот прошло пятнадцать веков,

---

[1] Отвергнуть — решительно не принять.

[2] Обет — торжественное обещание, обязательство.

[3] Ибо (устар. и книжн.) — потому что, так как.

[4] Жаждать (книжн.) — сильно, страстно желать.

поди посмотри на них: кого ты вознёс до себя? Клянусь, человек слабее и ниже создан, чем ты о нём думал! Может ли он исполнить то, что и ты? Он слаб и подл.

Мы исправили подвиг твой и основали его на чуде, тайне и авторитете. И люди обрадовались, что их вновь повели как стадо и что с сердец их снят наконец страшный дар, принёсший им столько муки. К чему ты теперь пришёл нам мешать? И что ты молча глядишь на меня кроткими глазами своими? Рассердись, я не хочу любви твоей, потому что сам не люблю тебя.

У нас же все будут счастливы. О, мы убедим их, что они тогда только и станут свободными, когда откажутся от свободы своей для нас и нам покорятся. И что же, правы мы будем или солжём? Они сами убедятся, что правы. Свобода, свободный ум и наука заведут их в такие дебри[1] и поставят пред такими чудами и неразрешимыми тайнами, что одни из них истребят себя самих, другие истребят друг друга, а третьи, оставшиеся, слабосильные и несчастные, приползут к ногам нашим и возопиют к нам: «Да, вы были правы, спасите нас от себя самих». Тогда мы дадим им тихое, смиренное счастье, счастье слабосильных существ, какими они и созданы.

Да, мы заставим их работать, но в свободные от труда часы мы устроим им жизнь как детскую игру, с детскими песнями, хором, с невинными плясками. И не будет у них никаких от нас тайн. Мы будем позволять или запрещать им жить с их жёнами, иметь или не иметь детей — и они будут нам покоряться с весельем и радостью. И они поверят решению нашему с радостью, потому что оно избавит их от великой заботы решения личного и свободного. И все будут счастливы, все миллионы существ.

Говорят, что ты придёшь и вновь победишь. Знай, что я не боюсь тебя. Знай, что и я был в пустыне, что и я благословлял[2] свободу, которой ты благословил людей, и я готовился стать в число избранников твоих. Но я очнулся и не захотел служить безумию. Я вернулся и примкнул[3] к тем, которые исправили подвиг твой.

---

[1] Дебри — сложные, трудные стороны чего-либо.

[2] Благословить — одобрить, возблагодарить.

[3] Примкнуть — присоединиться.

Завтра же ты увидишь это послушное стадо, которое бросится подгребать горячие угли к костру твоему. Ибо если был кто всех более заслужил наш костёр, то это ты. Завтра сожгу тебя. Dixi[1]».

Вопросы и задания

1. Когда и где происходит действие рассказа?

2. Как встречает Иисуса народ и церковная власть?

3. Каким вы себе представляете Великого инквизитора (внешность, манеры, характер, жизнь до встречи с Христом)?

4. Почему Христос мешает Великому инквизитору? На какие нравственные критерии опирается религия Христа?

5. Видит ли автор разницу между Христом и христианством? Как вы понимаете слова Достоевского: «Если б кто мне доказал, что Христос вне истины, и действительно было бы, что истина вне Христа, то мне лучше хотелось бы оставаться со Христом вне истины, нежели с истиной»?

6. С какими мыслями Великого инквизитора мог бы согласиться Раскольников?

---

[1] Dixi — по-латыни: (Так) я сказал.

Н.С. Лесков
Железная воля

1

Мы говори́ли о том, что у не́мцев желе́зная во́ля, а у нас её нет — и потому́ нам, слабово́льным лю́дям, с не́мцами едва́ ли мо́жно спра́виться. Оди́н то́лько Фёдор Афана́сьевич Во́чнев возрази́л:

— Не сли́шком ли вы мно́го уже́ придаёте значе́ния во́ле и расчётам? Оди́н ру́сский генера́л говори́л про не́мцев: кака́я беда́, что они́ умно́ рассчи́тывают, а мы им таку́ю глу́пость подведём, что они́ и рта рази́нуть не успе́ют, что́бы поня́ть её. Е́сли вам интере́сно, то я, пожа́луй, расскажу́ вам про желе́зную во́лю...

Рабо́тал я в одно́й из торго́вых компа́ний в го́роде Р*. Её хозя́ева вы́писали из Герма́нии инжене́ра, кото́рый до́лжен был наблюда́ть за маши́нами. Об инжене́ре мы зна́ли, что его́ зову́т Гу́го Пектора́лис, что он знато́к своего́ де́ла и име́ет желе́зную во́лю для того́, что́бы сде́лать всё, за что возьмётся.

Я прие́хал в Петербу́рг, что́бы его́ встре́тить, и вдруг узна́л, что не́мец прие́хал ра́ньше, чем мы ожида́ли, и уже́ уе́хал из столи́цы к нам в Р*. Положе́ние иностра́нца, кото́рый в тако́е вре́мя пусти́лся оди́н в далёкий путь, без попу́тчиков, почти́ без де́нег, не зна́я ни на́ших доро́г, ни на́ших поря́дков, — каза́лось мне ужа́сным.

— Заче́м вы не удержа́ли его́? Заче́м не уговори́ли хоть подожда́ть попу́тчика? — говори́л я, но мне отвеча́ли, что его́ угова́ривали, но он непоколеби́мо стоя́л на своём, что он пообеща́л себе́ е́хать не остана́вливаясь, а тру́дностей никаки́х не бои́тся, потому́ что име́ет желе́зную во́лю.

Бо́льше я уже́ не мог для него́ ничего́ сде́лать. Ме́жду тем прошёл октя́брь; в перее́здах я не име́л о Пектора́лисе никаки́х изве́стий и возвраща́лся домо́й.

На пя́тый день к ве́черу я добра́лся до холо́дной ста́нции в откры́том по́ле. Когда́ я откры́л дверь, то увида́л перед собо́й на поро́ге челове́ка в обыкнове́нной городско́й шля́пе и широча́йшем плаще́. Я обрати́лся к нему́ с вопро́сом, не зна́ет ли он, где здесь на э́той ста́нции помеща́ется смотри́тель.

— Ich verstehe gar nicht russisch[1], — отвеча́л незнако́мец.

Я заговори́л с ним по-неме́цки.

— А вы, вероя́тно, ждёте здесь лошаде́й?

— О да, я жду лошаде́й.

— И неуже́ли лошаде́й нет?

— Не зна́ю, я не получа́ю.

— Да вы спра́шивали?

— Нет, я не уме́ю говори́ть по-ру́сски.

Ба́тюшки мой, ду́маю себе́: вот чуда́к-то! И приказа́л смотри́телю пода́ть себе́ самова́р и затопи́ть ками́н. Иностра́нец, уви́дев ого́нь в ками́не, обра́довался и проговори́л:

— Ага́, «мо́жно», а я тут тре́тий день — и тре́тий день всё сюда́, на ками́н, па́льцем пока́зывал, а мне отвеча́ли «не мо́жно».

— Да заче́м же вы сиди́те здесь тре́тий день?

— Не зна́ю, я всегда́ так сижу́, на ка́ждой ста́нции.

— Но заче́м же э́то, и как вы э́то мо́жете выноси́ть?

— О, я всё могу́ выноси́ть, потому́ что у меня́ желе́зная во́ля!

— Бо́же мой! — воскли́кнул я. — У вас желе́зная во́ля!

— Да, у меня́ желе́зная во́ля; и у моего́ отца́, и у моего́ де́да была́ желе́зная во́ля — и у меня́ то́же желе́зная во́ля.

— Желе́зная во́ля!.. Вы, ве́рно, из Добера́на, что в Мекленбу́рге? И вас зову́т Гу́го Пектора́лис?

Я вскочи́л с ме́ста, о́бнял Пектора́лиса, как ста́рого дру́га, обогре́л его́ пу́ншем и рассказа́л, что узна́л его́ по его́ желе́зной во́ле.

— Тепе́рь вы ви́дите, как хорошо́ име́ть желе́зную во́лю, — воскли́к-нул Гу́го.

— Нет, — говорю́, — не ви́жу.

— Как же не ви́дите: я изве́стен пре́жде, чем я прие́хал; я сдер-жа́л своё сло́во и могу́ умере́ть с по́лным к себе́ уваже́нием, без вся́кой сла́бости.

---

[1] Я ничего не понимаю по-русски (нем.).

— Но позво́льте мне вам заме́тить: э́то упря́мство. Обеща́ния исполня́ются по обстоя́тельствам.

Не́мец отвеча́л, что он не признаёт тако́го пра́вила; что у него́ всё, что он раз себе́ сказа́л, должно́ быть сде́лано; что э́тим то́лько и приобрета́ется настоя́щая желе́зная во́ля.

«Ну, — ду́маю, — ты, брат, ка́жется, прие́хал сюда́ нас удивля́ть — смотри́ же то́лько, сам на нас не удиви́сь!»

Вопросы и задания

1. Что пообещал сам себе Гуго Пекторалис, когда приехал в Россию? Почему его положение казалось Вочневу ужасным?

2. Почему Гуго так долго добирался из Петербурга до города Р*? Что случилось бы, если бы Вочнев поехал другой дорогой?

3. Что думает Гуго о железной воле? Согласен ли рассказчик с его мнением?

4. Чем, по мнению рассказчика, отличаются русские от немцев? А как вы думаете?

2

А между те́м желе́зная во́ля Пектора́лиса у нас по на́шей ру́сской простоте́ всё как-то была́ похо́жа на шу́тку. Пектора́лис был упря́м во всём, насто́йчив и неусту́пчив в мелоча́х, как и в серьёзном де́ле. Он занима́лся свое́й во́лей, как други́е занима́ются гимна́стикой для разви́тия си́лы. Побе́ды над собо́ю де́лали его́ самоуве́ренным и ста́вили то в печа́льные, то в коми́ческие положе́ния.

— Так, наприме́р, он учи́лся ру́сскому языку́ необыкнове́нно бы́стро и граммати́чно; но страда́л за него́ от той же са́мой желе́зной во́ли. Пектора́лис дал себе́ сло́во вы́учиться ру́сскому языку́ в полго́да и заговори́ть сра́зу в оди́н зара́нее им вы́бранный день. Он знал, что не́мцы говоря́т смешно́ по-ру́сски, — и не хоте́л быть смешны́м. Учи́лся он оди́н, без по́мощи учи́теля, и прито́м вта́йне. Вдруг вхо́дит он ко мне в одно́ прекра́сное у́тро — и е́сли не совсе́м легко́ и пра́вильно, то дово́льно чи́сто говори́т:

— Ну, здра́вствуйте! Как вы себе́ пожива́ете?

— Ай да Гу́го Ка́рлович! — отвеча́л я. — Ишь[1] как вдруг заговори́л!

— О, э́то так и должно́ бы́ло быть.

— Почему́ же «так должно́»? Дар языко́в, что ли, на вас вдруг сошёл?

Он немно́жко поду́мал, проговори́л про себя́:

— «Дар мужико́в», — и заду́мался.

— Дар *языко́в*, — повтори́л я.

Пектора́лис сейча́с же по́нял и отли́чно отве́тил по-ру́сски:

— О нет, не дар, но...

— Ва́ша желе́зная во́ля!

Пектора́лис с досто́инством указа́л па́льцем на грудь и отвеча́л:

— Вот э́то и́менно и есть так.

И он то́тчас же прия́тельски сообщи́л мне, что всегда́ име́л тако́е наме́рение вы́учиться по-ру́сски.

— Без э́того, — говори́л он, — нельзя́: без э́того ничего́ не возьмёшь в свои́ ру́ки: а я не хочу́, чтобы меня́ кто́-нибудь обма́нывал.

Хотел я ему́ сказа́ть: «Душа́ моя́[2], придёт слу́чай — и с э́тим тебя́ обма́нут», — да не стал его́ огорча́ть. Пусть ра́дуется!

С э́тих пор Пектора́лис всегда́ со все́ми ру́сскими говори́л по-ру́сски и хотя́ ошиба́лся, но к каки́м бы неудо́бствам э́то его́ ни вело́, он ни за что не отка́зывался от ска́занного.

Его́ спра́шивали, наприме́р:

— Гу́го Ка́рлович, вам послабе́е чаю и́ли покре́пче?

Он не сра́зу понима́л, что зна́чит «послабе́е» и что зна́чит «покре́пче», и отвеча́л:

— Покре́пче; о да, покре́пче.

— О́чень покре́пче?

— Да, о́чень покре́пче.

— И́ли как мо́жно покре́пче?

— О да, как мо́жно покре́пче.

И ему́ налива́ли чай, чёрный как дёготь, и спра́шивали:

— Не кре́пко ли бу́дет?

Гу́го ви́дел, что э́то о́чень кре́пко, что э́то совсем не то, что он хоте́л, но желе́зная во́ля не позволя́ла ему́ созна́ться.

---

[1] Ишь (част.) — выража́ет удивле́ние.

[2] Душа́ моя́ — дру́жеское, фами́льярное обраще́ние.

41

— Нет, ничего, — отвечал он и пил свой ужасный чай и уверял, что «зверски» его любит. Этот так часто употребляемый в России напиток сделался мучением для Гуго; но он всё крепился и всё пил тейн вместо чая до тех пор, пока в один прекрасный день у него сделался нервный удар. Бедный немец пролежал без движения и без языка около недели, но при получении дара слова — первое, что прошептал, это было про железную волю.

— Я себе не изменил, — сказал он.

Но с этим его чайные муки кончились. Он больше не пил чаю, так как чай ему с этих пор был совершенно запрещён. Но зато вскоре на его голову навязалась точно такая же история с французской горчицей диафан. Не могу вспомнить, но, вероятно, по такому же случаю, как с чаем, Гуго Карлович прослыл любителем французской горчицы диафан, которую ему подавали ко всякому блюду, и он, бедный, ел её, даже намазывая прямо на хлеб, как масло, и хвалил, что это очень вкусно и зверски ему нравится.

Опыты с горчицею окончились тем же, что ранее было с чаем: Пекторалис чуть не умер от острого катара желудка.

Было с ним много и других смешных и жалких случаев, когда Гуго страдал от своей железной воли, но всех их нет возможности припомнить и пересказать.

Лесков Николай Семёнович (1831—1895) — русский писатель и публицист. Романы, повести, статьи отличаются глубоким знанием русского быта, религиозных традиций, народностью искусства. Великолепный стилист, мастер сказовой манеры письма.

Вопросы и задания

1. Как Гуго Пекторалис страдал в России от своей железной воли?

2. Какая, по-вашему, разница между волей и упрямством? Приведите пример человека с железной волей.

3. Согласитесь или опровергните, что: 1) Гуго не волевой человек, а упрямый и самолюбивый; 2) педантичность и расчёт хороши в Германии, но не применимы к русской жизни; 3) рассказчик сочувствует Пекторалису, но не одобряет его; 4) чувства в жизни иногда важнее, чем воля и расчёты.

А.П. Чехов
Пассажир 1-го класса

Пассажи́р пе́рвого кла́сса, то́лько что пообе́давший на вокза́ле и слегка́ охмеле́вший, разлёгся на ба́рхатном дива́не, погляде́л ма́слеными глаза́ми на своего́ сосе́да и сказа́л:

— Люблю́ я, гре́шный челове́к, пустосло́вить на сы́тый желу́док. Разреша́ете поболта́ть с ва́ми?

— Сде́лайте одолже́ние, — согласи́лся сосе́д.

— По́сле хоро́шего обе́да для меня́ доста́точно са́мого ничто́жного по́вода, что́бы в го́лову поле́зли чертóвски кру́пные мы́сли. Наприме́р, сейча́с мы с ва́ми ви́дели о́коло буфе́та двух молоды́х люде́й, и вы слы́шали, как оди́н из них поздравля́л друго́го с изве́стностью. «Поздравля́ю, вы, говори́т, уже́ изве́стны!» Очеви́дно, актёры или микроскопи́ческие газе́тчики. Но не в них де́ло. Меня́, су́дарь[1], занима́ет тепе́рь вопро́с, что, со́бственно, ну́жно понима́ть под сло́вом «изве́стность». Как по-ва́шему? Все мы понима́ем сла́ву бо́лее и́ли ме́нее субъекти́вно, но никто́ ещё не дал я́сного, логи́ческого определе́ния э́тому сло́ву. До́рого бы я дал за тако́е определе́ние!

— На что оно́ вам так понаʼдобилось?

— Ви́дите ли, знай мы[2], что тако́е сла́ва, нам, быть мо́жет, бы́ли бы изве́стны и спо́собы её достиже́ния, — сказа́л пассажи́р пе́рвого кла́сса, поду́мав. — На́до вам заме́тить, су́дарь, что когда́ я был помоло́же, я всей душо́й мое́й стреми́лся к изве́стности. Популя́рность была́ мои́м, так сказа́ть, сумасше́ствием. Для неё я учи́лся, рабо́тал, ноче́й не спал, не доеда́л и здоро́вье потеря́л. И ка́жется, наско́лько я могу́ суди́ть, у меня́ бы́ли все да́нные к её достиже́нию. Во-пе́рвых, по профе́ссии я инжене́р. Пока́ живу́, я постро́ил на Руси́ деся́тка два великоле́пных мосто́в, сооруди́л в трёх города́х водопрово́ды, рабо́тал в Росси́и, в А́нглии, в Бе́льгии... Во-вторы́х, я написа́л мно́го специа́льных стате́й по свое́й ча́сти. В-тре́тьих, су́дарь мой, занима́ясь на досу́ге хи́мией, я нашёл спо́собы добыва́ния не́которых органи́ческих кисло́т, так что и́мя моё вы найдёте во всех заграни́чных

---

[1] Су́дарь — господин, обращение к мужчине среднего класса в дореволюционной России.

[2] Знай мы — если бы мы знали.

44

учебниках химии. И что же? Вот я уже стар, умирать собираюсь, можно сказать, а известен я столь же, как вон та чёрная собака.

— Почём знать? Может быть, вы и известны.

— Гм!.. А вот мы сейчас попробуем... Скажите, вы слыхали когда-нибудь фамилию Крикунова?

Сосед поднял глаза к потолку, подумал и засмеялся:

— Нет, не слыхал... — сказал он.

— Это моя фамилия. Вы, человек интеллигентный и пожилой, ни разу не слыхали про меня — доказательство убедительное! Очевидно, добиваясь известности, я делал совсем не то, что следовало. Я не знал настоящих способов.

— Какие же это настоящие способы?

— А чёрт их знает! Вы скажете: талант? гениальность? Вовсе нет, сударь мой... Параллельно со мной жили и делали свою карьеру люди сравнительно со мной пустые, ничтожные и даже дрянные. Работали они в тысячу раз меньше меня, талантами не блистали и известности не добивались, а поглядите на них! Их фамилии то и дело попадаются в газетах и в разговорах! Если вам не надоело слушать, то я поясню примером. Несколько лет тому назад я делал в городе К. мост. Надо вам сказать, скучища в этом К. была страшная. Если бы не женщины и не карты, то я бы с ума, кажется, сошёл. Ну-с[1], дело прошлое, сошёлся я там скуки ради с одной певичкой. Чёрт её знает, все приходили в восторг от этой певички, по-моему же, — как вам сказать? — певица была обыкновенная, каких много. Девчонка пустая, капризная, жадная, притом ещё и дура. Она много ела, много пила, спала до пяти часов вечера — и больше, кажется, ничего. Назваться актрисой или даже певицей моя певичка не имела ни малейшего права. Насколько я понимаю, пела она отвратительно. Ну-с, прошу внимания. Как теперь помню, происходило у нас торжественное открытие движения по новому мосту. Был молебен, речи, телеграммы и прочее. Дело прошлое, а потому скажу вам, что мост получился у меня великолепный! Не мост, а картина, один восторг! «Ну, думал, теперь публика на меня все глаза проглядит». Но напрасно я, сударь мой, беспокоился — увы! На меня, кроме официальных лиц, никто не обратил ни малейшего внимания.

---

[1] -с (устар.) — частица, которая употребляется после любого слова в речи для придания оттенка вежливости, почтительности.

Стоя́т толпо́й на берегу́, глядя́т на мост, а до того́, кто стро́ил э́тот мост, им и де́ла нет. Вдруг пу́блика заволнова́лась: шу-шу-шу... «Меня́, должно́ быть, уви́дели», — поду́мал я. Как же, держи́ карма́н! Смотрю́, сквозь толпу́ пробира́ется моя́ певи́чка. Начался́ шёпот: «Это така́я-то... Преле́стна! Обворожи́тельна!» Тут и меня́ заме́тили... Дво́е каки́х-то молоды́х люде́й, — должно́ быть, ме́стные люби́тели теа́тра, погляде́ли на меня́ и зашепта́ли: «Это её любо́вник!» Как э́то вам понра́вится? А кака́я-то небри́тая фигу́ра в цили́ндре до́лго стоя́ла о́коло меня́, пото́м поверну́лась ко мне со слова́ми:

— Зна́ете, кто э́та да́ма, что идёт по тому́ бе́регу? Это така́я-то... Го́лос у неё ни́же вся́кой кри́тики, но владе́ет она́ им в соверше́нстве!..

— Не мо́жете ли вы сказа́ть мне, — спроси́л я, — кто стро́ил э́тот мост?

— Пра́во[1], не зна́ю! — отвеча́ла фигу́ра. — Инжене́р како́й-то!

— А кто, — спра́шиваю, — в ва́шем К. собо́р стро́ил?

— И э́того не могу́ вам сказа́ть.

— Да́лее я спроси́л, кто в К. счита́ется са́мым лу́чшим педаго́гом, кто лу́чший архите́ктор, и на все мои́ вопро́сы фигу́ра отвеча́ла незна́нием.

— А скажи́те, пожа́луйста, — спроси́л я в заключе́ние, — с кем живёт э́та певи́ца?

— С каки́м-то инжене́ром Крикуно́вым.

Ну, су́дарь мой, как вам э́то понра́вится? Так как изве́стность тепе́рь де́лается почти́ исключи́тельно то́лько из газе́т, на друго́й же день по́сле откры́тия моста́ хвата́ю ме́стный «Ве́стник» и ищу́ в нём про свою́ осо́бу. До́лго бе́гаю глаза́ми по всем четырём страни́цам и наконе́ц — вот оно́! ура́! Начина́ю чита́ть: «Вчера́, при отли́чной пого́де и при грома́дном стече́нии наро́да, в прису́тствии господи́на нача́льника губе́рнии[2] и про́чих власте́й, происходи́ло откры́тие вновь постро́енного моста́ и т. д.». В конце́ же: «На откры́тии, блиста́я красото́й, прису́тствовала, ме́жду про́чим, люби́мица к-ой пу́блики, на́ша тала́нтливая арти́стка така́я-то. Само́ собо́ю разуме́ется, что появле́ние её произвело́ сенса́цию. Звезда́ была́ оде́та и т. д.». Обо мне́ же хоть бы одно́ сло́во! Хоть полслове́чка! Как э́то ни ме́лко, но, ве́рите ли, я да́же запла́кал тогда́ от зло́сти!

_____

[1] Пра́во — честное слово, правда.

[2] Губерния — основная административно-территориальная единица в России в XVIII—XIX веках.

Успокóил я себя́ на том, что провинция глупа́, с неё и тре́бовать не́чего, а что за изве́стностью ну́жно е́хать в у́мственные це́нтры, в столи́цы. Кста́ти, в то вре́мя в Пи́тере лежа́ла одна́ моя́ рабо́та, по́данная на ко́нкурс. Приближа́лся срок ко́нкурса. Прости́лся я с К. и пое́хал в Пи́тер. От К. до Пи́тера доро́га дли́нная, и вот, чтоб ску́чно не́ было, я взял отде́льное купе́, ну... коне́чно, и певи́чку. Е́хали мы и всю доро́гу е́ли, шампа́нское пи́ли и — тру-ла-ла! Но вот мы приезжа́ем в у́мственный центр. Прие́хал я туда́ в са́мый день ко́нкурса и име́л, су́дарь мой, удово́льствие пра́здновать побе́ду: моя́ рабо́та была́ удосто́ена пе́рвой пре́мии. Ура́! На друго́й же день иду́ на Не́вский и покупа́ю на семь гри́вен[1] ра́зных газе́т. Спешу́ к себе́ в но́мер, ложу́сь на дива́н и спешу́ чита́ть. Пробега́ю одну́ газе́ту — ничего́! Пробега́ю другу́ю — бо́же мой! Наконе́ц, в четвёртой наска́киваю на тако́е изве́стие: «Вчера́ с курье́рским по́ездом прибыла́ в Петербу́рг изве́стная провинциа́льная арти́стка така́я-то. С удово́льствием отмеча́ем, что ю́жный кли́мат благотво́рно поде́йствовал на на́шу знако́мку» — и не по́мню, что да́льше! Мно́го ни́же под э́тим изве́стием са́мым мельча́йшим пети́том напеча́тано: «Вчера́ на тако́м-то ко́нкурсе пе́рвой пре́мии удосто́ен инжене́р тако́й-то». То́лько! И вдоба́вок, ещё мою́ фами́лию переврали́: вме́сто Крикуно́ва написа́ли Киркуно́в. Вот вам и у́мственный центр.

Не́сколько лет спустя́ я был в Москве́. Ме́жду де́лом я прочёл там в одно́м из музе́ев пять публи́чных ле́кций с благотвори́тельною це́лью. Ка́жется, доста́точно, чтобы стать изве́стным го́роду хотя́ на три дня, не пра́вда ли? Но, увы́! Обо мне́ не обмо́лвилась[2] слове́чком ни одна́ моско́вская газе́та. Про пожа́ры, про опере́тку, про пья́ных — про всё есть, а о моём де́ле, прое́кте, о ле́кциях — ни гугу́[3]. А ми́лая моско́вская пу́блика! Е́ду я на ко́нке... Ваго́н битко́м наби́т[4]: тут и да́мы, и вое́нные, и студе́нты, и курси́стки — вся́кой тва́ри по па́ре[5].

---

[1] Гривна — 10 копеек.

[2] Обмолвиться — по ошибке сказать не то слово, которое нужно.

[3] Ни гугу — ни одного слова.

[4] Битком набит — набит очень плотно, тесно.

[5] Всякой твари по паре — о смешанном, пёстром составе кого-либо (из библейского рассказа о Ное).

— Говоря́т, что ду́ма вы́звала инжене́ра по тако́му-то де́лу! — говорю́ я сосе́ду так гро́мко, чтобы весь ваго́н слы́шал. — Вы не зна́ете, как фами́лия э́того инжене́ра?

Сосе́д отрица́тельно мотну́л голово́й. Остальна́я пу́блика погляде́ла на меня́ ме́льком, и во всех взгля́дах я прочёл «не зна́ю».

— Говоря́т, кто́-то чита́ет ле́кции в тако́м-то музе́е! — продолжа́ю я. — Говоря́т, интере́сно!

Никто́ да́же голово́й не кивну́л. Очеви́дно, не все слы́шали про ле́кции, а госпожи́ да́мы не зна́ли да́же о существова́нии музе́я. Э́то бы всё ещё ничего́, но предста́вьте вы, су́дарь мой, пу́блика вдруг вска́кивает и к о́кнам. Что тако́е? В чём де́ло?

— Гляди́те, гляди́те! — затолка́л меня́ сосе́д. — Ви́дите того́ брюне́та, что сади́тся на изво́зчика? Э́то изве́стный скорохо́д Кинг!

И весь ваго́н заговори́л о скорохо́дах, занима́вших тогда́ моско́вские умы́.

Мно́го и други́х приме́ров я мог бы привести́ вам, но, полага́ю, и э́тих дово́льно. Тепе́рь допу́стим, что я относи́тельно себя́ заблужда́юсь, что я хвастуни́шка и безда́рность, но все э́ти ру́сские морепла́ватели, хи́мики, фи́зики, меха́ники — популя́рны ли они́? Изве́стны ли на́шей образо́ванной ма́ссе ру́сские худо́жники, ску́льпторы, литера́торы? Назови́те мне хоть одного́ корифе́я на́шей литерату́ры, кото́рый стал бы изве́стен ра́ньше, чем не прошла́ по земле́ сла́ва, что он уби́т на дуэ́ли, сошёл с ума́, пошёл в ссы́лку, нечи́сто игра́ет в ка́рты!

Пассажи́р пе́рвого кла́сса так увлёкся, что вы́ронил изо рта́ сига́ру и приподня́лся.

— Да-с, — продолжа́л он, — и в паралле́ль э́тим лю́дям я приведу́ вам со́тни вся́кого ро́да певи́чек, акроба́тов и шуто́в, изве́стных да́же грудны́м младе́нцам. Да-с!

Скри́пнула дверь, и в ваго́н вошла́ ли́чность в цили́ндре и си́них очка́х. Ли́чность огляде́ла места́, нахму́рилась и прошла́ да́льше.

— Зна́ете, кто э́то? — послы́шался шёпот из далёкого угла́ ваго́на.— Э́то изве́стный ту́льский шу́лер[1], привлечённый к суду́ по де́лу V-го ба́нка.

---

[1] Шулер — тот, кто нечестно играет в карты.

— Вот вам! — засмея́лся пассажи́р пе́рвого кла́сса. — Ту́льского шу́лера зна́ет, а спроси́те его́, зна́ет ли он Семира́дского[1], Чайко́вского или филóсофа Соловьёва, так он вам голово́й заве́ртит... Сви́нство!

— Прошли́ мину́ты три в молча́нии.

— Позво́льте вас спроси́ть в свою́ о́чередь, — спроси́л сосе́д, — вам изве́стна фами́лия Пушко́ва?

— Пушко́ва? Гм!.. Пушко́ва... Нет, на зна́ю!

— Э́то моя́ фами́лия... — проговори́л сосе́д конфу́зясь. — Ста́ло быть, не зна́ете? А я уже́ три́дцать пять лет состою́ профе́ссором одного́ из ру́сских университе́тов... член Акаде́мии нау́к... неоднокра́тно печа́тался...

Пассажи́р пе́рвого кла́сса и сосе́д перегляну́лись и приняли́сь хохота́ть.

Чехов Антон Павлович (1860—1904) — великий русский писатель и драматург. Начинал как автор небольших юмористических рассказов, публиковавшихся в развлекательных журналах. Создатель нового театра, где соединяются реально-бытовой и условно-метафорический планы. Для стиля характерны объективная манера, отказ от традиционного сюжета, внутренний сюжет, связанный с душевным миром героя.

Вопросы и задания

1. Какие данные имел герой для достижения популярности? Согласны ли вы с его самооценкой?

2. Как история о певице аргументирует позицию героя?

3. Что рассказывает пассажир о своей поездке в Москву?

4. К какому выводу о способах достижения популярности приходит рассказчик?

5. Как вы относитесь к понятиям «известность», «популярность»? Должен ли человек стремиться к их достижению?

6. Какие люди сейчас популярны в вашей стране? Как они этого добились?

---

[1] Семирадский Х. (1843—1902) — польский и русский живописец, представитель академизма.

Тэффи
Рассказы

Свои и чужие

Всех люде́й по отноше́нию к нам мы разделя́ем на «свои́х» и «чужи́х».

Свой — э́то те, о ком мы зна́ем наве́рное, ско́лько им лет и ско́лько у них де́нег. Лета́ и де́ньги чужи́х скры́ты от нас вполне́ и наве́ки, и е́сли почему́-нибудь та́йна э́та откро́ется нам — чужи́е мгнове́нно превратя́тся в свои́х, а э́то после́днее обстоя́тельство кра́йне для нас невы́годно, и вот почему́: свои́ счита́ют свое́й обя́занностью непреме́нно ре́зать вам в глаза́ пра́вду, тогда́ как чужи́е должны́ делика́тно привира́ть.

Чем бо́льше у челове́ка свои́х, тем бо́льше зна́ет он о себе́ го́рьких и́стин и тем тяжеле́е ему́ живётся на све́те. Встре́тите вы, наприме́р, на у́лице чужо́го челове́ка. Он улыбнётся вам приве́тливо и ска́жет:

— Кака́я вы сего́дня све́женькая!

А е́сли че́рез три мину́ты (что за тако́й коро́ткий срок могло́ измени́ться?) подойдёт свой, он посмо́трит на тебя́ презри́тельно и ска́жет:

— А у тебя́, голу́бушка[1], что́-то нос кра́сный. На́сморк, что ли?

Е́сли вы больны́, от чужи́х вам то́лько ра́дость и удово́льствие: пи́сьма, цветы́, конфе́ты.

Свой пе́рвым до́лгом начнёт допы́тываться, где и когда́ могли́ вы простуди́ться, то́чно э́то са́мое гла́вное. Когда́ наконе́ц, по его́ мне́нию, ме́сто и вре́мя устано́влены, он начнёт вас укоря́ть, заче́м вы простуди́лись и́менно там и тогда́:

— Ну как э́то мо́жно бы́ло идти́ без кало́ш к тёте Ма́ше! Э́то пря́мо возмути́тельно — така́я беспе́чность в твои́ лета́!

Кро́ме того́, чужи́е всегда́ де́лают вид, что стра́шно испу́ганы ва́шей боле́знью и что придаю́т ей серьёзное значе́ние:

— Бо́же мой, да вы, ка́жется, ка́шляете! Э́то ужа́сно! У вас, наве́рное, воспале́ние лёгких! Ра́ди бо́га, созови́те конси́лиум. Э́тим шути́ть нельзя́! Я, наве́рное, сего́дня всю ночь не засну́ от беспоко́йства.

---

[1] Голубушка — ласковое обращение к женщине.

Всё это для вас приятно, и, кроме того, больному всегда лестно, когда его ерундовую простуду ценою в тридцать семь градусов и одну десятую величают[1] воспалением лёгких.

Свои ведут себя совсем иначе:

— Скажите пожалуйста! Уж он и в постель завалился! Ну как не стыдно из-за такой ерунды?! Ну возьми себя в руки! Подбодрись — стыдно так раскисать!

— Хороша ерунда, когда у меня температура тридцать восемь, — пищите вы, привирая на целый градус.

— Велика важность! — издевается свой. — Люди тиф на ногах переносят, а он из-за тридцати восьми градусов умирать собирается. Возмутительно!

И он будет долго издеваться над вами, припоминая разные забавные историйки, когда вы так же закатывали глаза и стонали, а через два часа уплетали[2] жареную индейку.

Рассказы эти доведут вас до бешенства и действительно поднимут вашу температуру на тот градус, на который вы её приврали.

На языке своих это называется «подбодрить больного родственника».

Водить знакомство со своими очень грустно и раздражительно.

Чужие принимают вас весело, делают вид, что рады вашему приходу до экстаза. Так как вы не должны знать, сколько им лет, то лица у всех у них будут припудрены и моложавы[3], разговоры весёлые, движения живые и бодрые.

А так как вы не должны знать, сколько у них денег, то, чтобы ввести вас в обман, вас будут кормить дорогими и вкусными вещами. По той же причине вас посадят в лучшую комнату с самой красивой мебелью, на которую только способны, а спальни с драными[4] занавесками и табуреткой вместо умывальника вам даже и не покажут, как вы ни просите.

Чашки для вас поставят на стол новые, и чайник не с отбитым носом, и салфетку дадут чистую, и разговор заведут для вас приятный – о каком-

---

[1] Величать — называть с уважением.

[2] Уплетать — есть быстро, с аппетитом.

[3] Моложавый — такой, который выглядит моложе своих лет.

[4] Драный — рваный, изношенный.

нибудь вашем таланте, а если его нет, так о вашей новой шляпе, а если и её нет, так о вашем хорошем характере.

У своих же ничего подобного вы не встретите. Так как все лета и возрасты известны, то все вылезают хмурые и унылые.

— Э-эх, старость не радость. Третий день голова болит.

А потом вспоминают, сколько лет прошло с тех пор, как вы кончили гимназию.

— Ах, время-то как летит! Давно ли, кажется, а уж никак тридцать лет прошло.

Потом, так как вам известно, сколько у них денег, и всё равно вас в этом отношении уж не надуешь, то подадут вам чай с вчерашними сухарями и заговорят о цене на говядину, и о старшем дворнике, и о том, что в старой квартире дуло с пола, а в новой дует с потолка, но зато она дороже на десять рублей в месяц.

Чужие по отношению к вам полны самых светлых прогнозов. Все дела и предприятия вам, наверное, великолепно удадутся. Ещё бы! С вашим-то умом, да с вашей выдержкой, да с вашей обаятельностью!

Свой, наоборот, заранее оплакивают вас, недоверчиво качают головой и каркают[1]. У них всегда какие-то тяжёлые предчувствия на ваш счёт.

И, кроме того, зная вашу беспечность, безалаберность[2], рассеянность и неумение ладить с людьми, они могут вам доказать как дважды два — четыре, что вас ждут большие неприятности и очень печальные последствия, если вы не одумаетесь и не выкинете из головы дурацкой затеи.

Сознание, насколько чужие приятнее своих, мало-помалу проникает в массы, и я уже два раза имела случай убедиться в этом.

Однажды — это было в вагоне — какой-то жёлчный господин закричал на своего соседа:

— Чего вы развалились-то! Нужно же соображать, что другому тоже место нужно. Если вы невоспитанный человек, так вы должны ездить в собачьем вагоне, а не в пассажирском. Имейте это в виду!

---

[1] Каркать (перен., прост.) — предсказывать неприятности, беду.

[2] Безалаберность — бессистемность, беспорядочность, небрежность.

А сосе́д отве́тил ему́ на э́то:

— Удиви́тельное де́ло! Ви́дите меня́ пе́рвый раз в жи́зни, а кричи́те на меня́, то́чно я вам родно́й брат! Чёрт зна́ет что тако́е!

Второ́й раз я слы́шала, как одна́ молода́я да́ма хвали́ла своего́ му́жа и говори́ла:

— Вот мы жена́ты уже́ четы́ре го́да, а он всегда́ ми́лый, ве́жливый, внима́тельный, то́чно чужо́й!

И слу́шатели не удивля́лись стра́нной похвале́. Не удивля́юсь и я.

Тэффи Надежда Александровна (1872—1952) — писатель и фельетонистка, один из ведущих сотрудников журнала «Сатирикон», издававшегося русской эмиграцией после 1917 года. Для её произведений характерен безукоризненный стиль, непринуждённость и разнообразие языковых средств.

Вопросы и задания

1. По какому принципу, по мнению Тэффи, люди разделяются на «своих» и «чужих»?

2. Опишите и разыграйте друг с другом, как ведут себя «свои» и «чужие»: 1) когда человек болеет; 2) в гостях; 3) в вагоне; 4) в разговорах о будущем.

3. Согласны ли вы с автором? Приведите ваши аргументы.

4. Подберите эпитеты, характеризующие «своих» и «чужих».

Дачный сезон

В Пари́же наблюда́ется удиви́тельное для нас, иностра́нцев, явле́ние — в Пари́же нет приро́дных сезо́нов.

В Росси́и, как изве́стно, ка́ждому, существу́ет четы́ре вре́мени го́да, или сезо́на: весна́, ле́то, о́сень и зима́.

Весно́й но́сят кало́ши, дра́повое пальто́, де́ржат экза́мены и и́щут да́чу.

Ле́том живу́т на да́че, но́сят соло́менные шля́пы и бати́стовые пла́тья, да́вят мух и купа́ются.

Осенью носят калоши и драповое пальто, держат переэкзаменовки, ищут квартиры и шьют новые платья.

Зимой носят новые платья, меховые шубы, топят печи, отмораживают носы, катаются на коньках и простуживаются.

В Париже всё навыворот[1].

В феврале носят соломенные шляпы, в июле — бархатные. В январе — лёгкие манто, в июне — мех.

В июле дачу ищут и экзамены держат. В декабре ходят голые.

Ничего не разберёшь!

Сезонов природных нет.

Есть какие-то странные: сезон тафты, сезон тюля, сезон бархата, сезон вышивки, сезон крепа, сезон скачек. Выдумывают эти сезоны портнихи, и длятся они неравно. Иной раз два месяца, иной три недели — никак его не ухватишь и не подладишься.

По погоде тоже ничего заметить нельзя. В феврале бывают такие дни, которые июньским не уступят.

И приходится жить не своим разумом, а смотреть, что люди делают.

Вопросы и задания

1. Какие природные сезоны есть в России и что для них характерно?

2. Какая разница между природными сезонами в России и в Париже?

3. Какая разница между природными сезонами в России и в вашей стране?

Ле рюссы

Соединённые взаимным отталкиванием, ле рюссы определённо разделяются на две категории: на продающих Россию и спасающих её.

Продающие живут весело. Ездят по театрам, танцуют фокстроты, держат русских поваров, едят русские борщи и угощают ими спасающих

---

[1] Навыворот — наоборот (буквально — швами наружу, вывернув одежду наизнанку).

Россию. Среди всех этих ерундовых занятий совсем не брезгуют[1] своим главным делом, а если вы захотите у них узнать, почём теперь и на каких условиях продаётся Россия, вряд ли смогут дать толковый ответ.

Другую картину представляют из себя спасающие: они хлопочут день и ночь, бьются в тенётах[2] политических интриг, куда-то ездят и разоблачают друг друга. К продающим относятся добродушно и берут с них деньги на спасение России. Друг друга ненавидят белокалёной[3] ненавистью.

Вопросы и задания

1. На какие категории, по мнению автора, разделяются русские?
2. Какая разница между продающими Россию и спасающими её?
3. Почему эти люди ненавидят друг друга? Какие из них приносят больше пользы для страны?

Русские профили

В наших русских газетах часто встречаются особого рода статьи, озаглавленные обыкновенно «Силуэты», или «Профили», или «Встречи», или «Наброски с натуры». В этих «силуэтах» изображаются иностранные общественные деятели, министры или знаменитости в области науки и искусства. Представляют их всегда интересными, значительными или в крайнем случае хоть занятными. О русских деятелях так не пишут.

Уж если увидите в газете русский «профиль», так я этот профиль не поздравляю. Он либо выруган, либо осмеян, либо уличён и выведен на чистую воду[4]. Мы странно относимся к нашим выдающимся людям, к нашим героям. Мы, например, очень любим Некрасова, но больше всего радует нас в нём то, что он был картёжник. О Достоевском тоже узнаём не без приятного чувства, что он иногда проигрывал в карты всё до последней

---

[1] Брезговать — испытывать отвращение к чему-л.

[2] Тенёта — сеть для ловли зверей.

[3] Белокалёная — очень сильная.

[4] Вывести на чистую воду — разоблачить, уличить кого-л., узнать правду, которую кто-то скрывает.

нитки. Ра́зве не обожа́ем мы Толсто́го? А ра́зве не весели́лись мы при расска́зах очеви́дцев о том, как «Лев Никола́евич, пропове́дуя воздержа́-ние[1], предава́лся чревоуго́дию[2], со ста́рческим интере́сом уплета́я[3] из ма́-ленькой кастрю́лечки специа́льно для него́ пригото́вленные грибо́чки»?

Был наро́дным геро́ем Ке́ренский[4]. Мно́гие, я зна́ю, се́рдятся, когда́ им напомина́ют об э́том. Но э́то бы́ло. Солда́ты пла́кали, да́мы броса́ли цветы́, генера́лы де́лали сбо́ры, все покупа́ли портре́ты. Был геро́ем. И мы ра́довались, когда́ слы́шали лжи́вые спле́тни о том, что он, мол, зазна́лся, спит на посте́ли Алекса́ндра Тре́тьего, чи́стит зу́бы щёткой Дими́трия Самозва́нца и же́нится на Алекса́ндре Фёдоровне[5].

Был геро́ем Колча́к[6]. Настоя́щим легенда́рным геро́ем. И ка́ждый врал про него́ всё, что хоте́л.

И всё э́то — любя́.

Стра́нно мы лю́бим — пра́вда?

Не ослеплённо и не экста́зно.

А ра́зве не лю́бим мы Росси́ю, бра́тьев на́ших? А что мы говори́м о них?

Чужа́я Шарло́тта Корде́[7] приво́дит нас в умиле́ние и поэти́ческий восто́рг. Оттого́, что она́ чужа́я, и оттого́, что на ней бе́лый че́пчик[8], а не ру́сский ба́бий[9] плато́к.

И как мы ра́ды, что киша́т круго́м нас спекуля́нты, и тру́сы, и пря́мо открове́нные моше́нники[10], рву́щие, как псы, кусо́к за куско́м те́ло на́шей

---

[1] Воздержание — ограничение себя в чём-либо, отказ от чего-либо.

[2] Чревоугодие — обжорство, любовь к вкусной обильной еде.

[3] Уплетать — есть быстро, с аппетитом.

[4] Керенский А.Ф. (1881–1970) — министр юстиции, а затем верховный главноко-мандующий во Временном правительстве в 1917 году.

[5] Александра Федоровна (1872–1918) — русская императрица, жена Николая II.

[6] Колчак А.В. (1873–1920) — один из главных организаторов белого движения в 1918–1920 годах, адмирал, командующий Черноморским флотом, в ходе революции рас-стрелян.

[7] Корде Шарлотта (1768–1793) — французская дворянка-жирондистка, убившая Марата, за что была казнена.

[8] Чепчик — традиционный женский головной убор во Франции.

[9] Бабий — женский.

[10] Мошенник — нечестный человек, обманщик.

ро́дины. Ра́ды потому́, что мо́жем сказа́ть: «Вот каковы́ они́ все оказа́лись!»

О на́шей ру́сской Шарло́тте Корде́ мы бы леге́нды не сложи́ли.

Нам лень бы́ло бы да́же и́мя её узна́ть. Так, мимохо́дом, по привы́чке, спра́вились бы:

— А с кем она́, со́бственно говоря́, жила́?

На э́том бы всё и ко́нчилось.

Траги́ческие го́ды ру́сской револю́ции да́ли бы нам со́тни сла́вных имён, е́сли бы мы их хоте́ли узна́ть и запо́мнить.

То, что иногда́ расска́зывалось вскользь и слу́шалось ме́льком, перешло́ бы в герои́ческие леге́нды и жило́ бы ве́чно в па́мяти друго́го наро́да. Мы, ру́сские, э́того не уме́ем.

По́мню, по́сле корни́ловского наступле́ния на Петрогра́д[1] оди́н из уча́стников его́ похо́да расска́зывал побледне́вшими губа́ми:

— Они́ бы́ли как дья́волы, э́ти матро́сы. Они́ броса́лись пря́мо под броневи́к[2], что́бы проколо́ть штыко́м резервуа́р с бензи́ном. Я э́того у́жаса никогда́ не забу́ду! Колёса наполза́ли пря́мо на мя́гкое, на их тела́, ко́сти хрусте́ли под на́ми, по живы́м лю́дям е́хали. Ги́бли одни́ — на их ме́сто броса́лись други́е. Го́споди, что же э́то за лю́ди! Отку́да таки́е взяли́сь!

Я вспо́мнила пото́м, через не́сколько ме́сяцев, э́того офице́ра. Вспо́мнила, что он расска́зывал что́-то интере́сное, что я пло́хо слу́шала и почти́ забы́ла.

— По́мните, вы говори́ли что́-то любопы́тное о каки́х-то матро́сах, кото́рые броса́лись под броневи́к... По́мните? Вы ещё удивля́лись, что они́ таки́е безу́мные...

— Да, — рассе́янно отве́тил он. — Что́-то бы́ло в э́том ро́де... Забы́л!

---

[1] Корниловское наступление — попытка генерала Корнилова поднять мятеж против большевиков в августе 1917 г. в Петрограде.

[2] Броневик — вооружённый автомобиль, защищенный бронёй; применялся в 1-й и 2-й мировых войнах.

Вопросы и задания

1. Какие стереотипные названия встречаются в русских газетах? О чём эти статьи?

2. В чём странность русского отношения к своим героям?

3. Почему русским нравится чужая Шарлотта Корде и как они отнеслись бы к своей?

4. Какой эпизод, услышанный автором, мог бы стать легендой и почему не стал?

5. Что вы думаете об отношении к национальным героям в вашей стране? Приведите примеры.

6. Представьте, что вам нужно написать статью о каком-нибудь знаменитом человеке вашей страны. Что вы напишете? Что о нём написали бы в России (если принять точку зрения Тэффи)?

В.О. Ключевский
О влиянии природы Великороссии на население
(отрывок)

Нам остаётся отме́тить де́йствие приро́ды Великоро́ссии[1] на населе́ние, здесь образова́вшееся. Племенна́я смесь — пе́рвый фа́ктор в образова́нии великору́сского пле́мени. Влия́ние приро́ды Великоро́ссии на сме́шанное населе́ние — друго́й фа́ктор. Великору́сское пле́мя — не то́лько изве́стный этнографи́ческий соста́в, но и своеобра́зный экономи́ческий строй и да́же осо́бый национа́льный хара́ктер, и приро́да страны́ мно́го порабо́тала и над э́тим стро́ем, и над э́тим хара́ктером.

Ве́рхнее Пово́лжье[2], составля́ющее центра́льную о́бласть Великоро́ссии, и до сих пор отлича́ется от Руси́ днепро́вской[3]; шесть-семь веко́в наза́д оно́ отлича́лось ещё бо́лее. Гла́вные осо́бенности э́того кра́я: оби́лие[4] лесо́в и боло́т и сеть рек и ре́чек, бегу́щих в ра́зных направле́ниях. Э́ти осо́бенности и положи́ли глубо́кий отпеча́ток как на хозя́йственный быт Великоро́ссии, так и на племенно́й хара́ктер великоро́сса.

В ста́рой Ки́евской Руси́[5] вне́шняя торго́вля создала́ многочи́сленные города́, служи́вшие кру́пными и́ли ме́лкими це́нтрами торго́вли. В верхнево́лжской Руси́, сли́шком удалённой от примо́рских ры́нков, вне́шняя торго́вля не могла́ стать гла́вной дви́жущей си́лой наро́дного хозя́йства. Вот почему́ здесь ви́дим в XV—XVI вв. сравни́тельно незначи́тельное коли́чество городо́в. Се́льские поселе́ния получи́ли здесь реши́тельный переве́с над города́ми. Прито́м и э́ти поселе́ния ре́зко отлича́лись свои́м хара́ктером от огро́мных сёл ю́жной Руси́.

---

[1] Великороссия — официальное название в XIX — начале XX в. территории Европейской части Российской империи, вошедшей в состав Русского государства до середины XVII в., с преобладанием русского населения.

[2] Верхнее Поволжье — территория, прилегающая к верхнему течению Волги.

[3] Русь днепровская — территория Руси, прилегающая к течению Днепра.

[4] Обилие — большое количество чего-либо.

[5] Киевская Русь — раннефеодальное древнерусское государство в IX — начале XII в., объединившее славянские племена вокруг Киева.

Дере́вня в оди́н и́ли два крестья́нских двора́ явля́ется госпо́дствующей фо́рмой расселе́ния в се́верной Росси́и чуть не до конца́ XVII в. Вокру́г таки́х ме́лких разбро́санных дереве́нь тру́дно бы́ло отыска́ть значи́тельное сплошно́е простра́нство, кото́рое удо́бно мо́жно бы́ло бы распаха́ть. Таки́е удо́бные места́ вокру́г дереве́нь попада́лись незначи́тельными уча́стками. Э́ти уча́стки и расчища́лись обита́телями ма́ленькой дере́вни. То была́ необыча́йно тру́дная рабо́та.

В восполне́ние ску́дного за́работка от хлебопа́шества крестья́нин до́лжен был обраща́ться к про́мыслам[1]. Леса́, ре́ки, озёра, боло́та предоставля́ли ему́ мно́жество уго́дий, разрабо́тка кото́рых могла́ служи́ть подспо́рьем к ску́дному земледе́льческому за́работку. Лыкодёрство[2], моча́льный про́мысел[3], зверого́нство[4], бо́ртничество (лесно́е пчелово́дство в ду́плах дере́вьев), рыболо́вство, солеваре́ние, смолокуре́ние[5], желе́зное де́ло — ка́ждое из э́тих заня́тий и́здавна служи́ло основа́нием, пито́мником хозя́йственного бы́та для це́лых округо́в.

Таковы́ осо́бенности великору́сского хозя́йства, созда́вшиеся под влия́нием приро́ды страны́. Э́то 1) разбро́санность населе́ния, госпо́дство ме́лких дереве́нь, 2) незначи́тельность крестья́нской запа́шки, ме́лкость па́хотных уча́стков, 3) наконе́ц, разви́тие ме́лких се́льских про́мыслов.

Ря́дом со влия́нием приро́ды страны́ на наро́дное хозя́йство Великоро́ссии замеча́ем следы́ её могу́щественного де́йствия на хара́ктер великоро́сса. Великоро́ссия XIII—XV вв. со свои́ми леса́ми и боло́тами на ка́ждом шагу́ представля́ла пcoселе́нцу ты́сячи ме́лких опа́сностей, непредви́димых затрудне́ний и неприя́тностей, с кото́рыми приходи́лось помину́тно боро́ться. Э́то приуча́ло великоро́сса следи́ть за приро́дой, смотре́ть в о́ба[6], по его́ выраже́нию, не сова́ться[7] в во́ду, не поиска́в

---

[1] Промысел — предприятие добывающего типа.

[2] Лыкодёрство — добывание коры молодых деревьев (чтобы делать верёвки, корзины).

[3] Мочальный промысел — изготовление специального волокна из липовой коры (чтобы делать верёвки и т. п.).

[4] Зверогонство — промысловая охота на зверя.

[5] Смолокурение — выгонка смолы из хвойных деревьев.

[6] Смотреть в оба — быть всегда осторожным, бдительным.

[7] Соваться — лезть.

броду[1], развивало в нём изворотливость в мелких затруднениях и опасностях, привычку к терпеливой борьбе с невзгодами и лишениями. В Европе нет народа менее избалованного и притязательного, приученного меньше ждать от природы и судьбы и более выносливого.

Природа Великороссии часто смеётся над самыми осторожными расчётами великоросса; своенравие климата обманывает самые скромные его ожидания, и, привыкнув к этим обманам, великоросс любит подчас выбрать самое что ни на есть безнадёжное и нерасчётливое решение. Эта наклонность играть в удачу и есть великорусский авось[2]. В одном уверен великоросс — что надо дорожить ясным летним рабочим днём, что природа отпускает ему мало удобного времени для труда. Это заставляет крестьянина спешить, усиленно работать, чтобы сделать много в короткое время, а затем оставаться без дела осень и зиму. Ни один народ в Европе не способен к такому напряжению труда на короткое время, какое может развить великоросс; но и нигде в Европе, кажется, не найдём такой непривычки к ровному, постоянному труду, как в той же Великороссии.

Жизнь удалёнными друг от друга деревнями естественно не могла приучить великоросса действовать большими союзами, дружными массами Великоросс работал не на открытом поле, на глазах у всех: он боролся с природой в одиночку, в глуши леса с топором в руке. То была молчаливая чёрная работа над внешней природой, над лесом или диким полем, а не над собой и обществом, не над своими чувствами и отношениями к людям. Поэтому великоросс лучше работает один, когда на него никто не смотрит, и с трудом привыкает к дружному действию общими силами. Он вообще замкнут и осторожен, даже робок, вечно себе на уме[3], необщителен, лучше сам с собой, чем на людях, лучше в начале дела, когда ещё не уверен в себе и в успехе, и хуже в конце, когда уже добьётся некоторого успеха и привлечёт внимание: неуверенность в себе возбуждает его силы, а успех роняет их. Ему легче одолеть препятствие, опасность, неудачу, чем с тактом

_____

[1] Брод — мелкое место во всю ширину реки, через которое можно перейти, переехать.

[2] На авось — в надежде на случайную удачу.

[3] Быть себе на уме — о человеке, который не любит высказывать свои мысли вслух.

и достоинством выдержать успех; легче сделать великое, чем освоиться с мыслью о своём величии. Словом, великоросс лучше великорусского общества.

Невозможность рассчитать план действий и прямо идти к намеченной цели заметно отразилась на складе ума великоросса, на манере его мышления. Житейские случайности приучили его больше обсуждать пройденный путь, чем обдумывать дальнейший, больше оглядываться назад, чем заглядывать вперёд. В борьбе с нежданными метелями и оттепелями, с непредвиденными августовскими морозами он стал больше осмотрителен, чем предусмотрителен, выучился больше замечать следствия, чем ставить цели, воспитал в себе уменье подводить итоги, а не составлять сметы. Это уменье и есть то, что мы называем задним умом. Поговорка «русский человек задним умом крепок»[1] вполне принадлежит великороссу.

Но задний ум не то же, что задняя мысль. Своей привычкой колебаться и лавировать между случайностями жизни великоросс часто производит впечатление непрямоты, неискренности. Великоросс часто думает надвое, и это кажется двоедушием. Он всегда идёт к прямой цели, хотя часто и недостаточно обдуманной, но идёт, оглядываясь по сторонам. Ведь лбом стены не прошибёшь[2], и только вороны прямо летают, говорят великорусские пословицы. Великоросс мыслит и действует, как ходит. Кажется, что можно придумать кривее и извилистее великорусской дороги? А попробуйте пройти прямее: только проплутаете[3] и выйдете на ту же извилистую тропу.

Так сказалось действие природы Великороссии на хозяйственном быте и племенном характере великоросса.

---

[1] Задним умом крепок — о человеке, который не может предусмотреть ошибку, заранее проанализировать ситуацию.

[2] Прошибить — пробить, проломить.

[3] Проплутать — проходить какое-то время, не зная дороги, наугад.

Ключевский Василий Осипович (1841—1911) — русский историк, историограф, академик, автор фундаментальных трудов «Курс русской истории», «Боярская дума Древней Руси», по истории крепостного права, сословий, финансов.

Вопросы и задания

1. Каковы природные особенности Великороссии? Опишите типичный, на ваш взгляд, великорусский пейзаж.

2. Как природа повлияла на хозяйственный быт великоросса? Чем он отличается от типичного крестьянского хозяйства этой эпохи в вашей стране?

3. Как связаны природа и характер великоросса? Нарисуйте портрет великоросса, каким вы его представляете.

4. Найдите в тексте русские поговорки. Как они связаны с особенностями русской жизни и характера? Есть ли аналогичные им в вашей национальной культуре?

5. Расскажите о влиянии природы на хозяйство и национальный характер вашей страны.

Н. Бердяев
Душа России

1. Отношение к государству

Для нас самих Россия остаётся неразгаданной тайной. Россия противоречива, антиномична. Тютчев сказал про свою Россию:

> Умом России не понять,
> Аршином общим не измерить[1]:
> У ней особенная стать[2] —
> В Россию можно только в е р и т ь.

И поистине можно сказать, что Россия непостижима для ума. А верит в Россию каждый по-своему, и каждый находит факты для подтверждения своей веры.

Россия — самая безгосударственная, самая анархическая страна в мире. Все национальные наши писатели, мыслители, публицисты — все были своеобразными анархистами. В основе русской истории лежит знаменательная легенда о призвании варяг-иностранцев для управления русской землёй, так как «земля наша велика и обильна[3], но порядка в ней нет». Как характерно это для роковой неспособности и нежелания русского народа самому устраивать порядок в своей земле! Русский народ как будто бы хочет не столько свободы в государстве, сколько свободы от государства. Русский народ не хочет быть мужественным строителем, его природа определяется как женственная, пассивная и покорная в делах государственных, он всегда ждёт жениха, мужа, властелина. Россия — земля покорная, женственная. Нет пределов смиренному терпению русского народа.

Очень характерно, что в русской истории не было рыцарства[4], этого мужественного начала. С этим связано недостаточное развитие

---

[1] Мерить общим аршином — рассматривать что-либо как рядовое, обычное явление.

[2] Стать (устар.) — характер, склад.

[3] Обильный — имеющий что-то в большом количестве.

[4] Рыцарство — феодальное военно-земледельческое сословие в Западной Европе в Средние века.

ли́чного нача́ла в ру́сской жи́зни. Ру́сский наро́д всегда́ люби́л жить в тепле́ коллекти́ва. Ры́царство куёт чу́вство ли́чного досто́инства и че́сти, создаёт твёрдость ли́чности. Э́той ли́чной твёрдости не создава́ла ру́сская исто́рия. В ру́сском челове́ке есть мягкоте́лость, в ру́сском лице́ нет вы́резанного и вы́точенного про́филя. Ру́сский анархи́зм — же́нственный, а не му́жественный, пасси́вный, а не акти́вный. Ру́сский наро́д хо́чет быть неве́стой, кото́рая ждёт му́жа. Но Росси́я не была́ бы так таи́нственна, е́сли бы в ней бы́ло то́лько то, о чём мы сейча́с говори́ли.

Росси́я — са́мая госуда́рственная и са́мая бюрократи́ческая страна́ в ми́ре. С Ива́на Калиты́[1] упо́рно собира́лась Росси́я и дости́гла разме́ров, потряса́ющих воображе́ние. Почти́ не остава́лось сил у ру́сского наро́да для свобо́дной тво́рческой жи́зни, вся кровь шла на укрепле́ние и защи́ту госуда́рства. Ли́чность была́ прида́влена огро́мными разме́рами госуда́рства. Бюрокра́тия развила́сь до ужа́сных разме́ров. Невозмо́жна была́ свобо́дная игра́ тво́рческих сил челове́ка.

Здесь скры́та та́йна ру́сской исто́рии и ру́сской души́. Никака́я филосо́фия не разгада́ла ещё, почему́ са́мый безгосуда́рственный наро́д со́здал таку́ю огро́мную и могу́щественную госуда́рственность, почему́ са́мый анархи́ческий наро́д так поко́рен бюрокра́тии, почему́ свобо́дный ду́хом наро́д как бу́дто бы не хо́чет свобо́дной жи́зни. Э́та та́йна свя́зана с осо́бенным соотноше́нием же́нственного и му́жественного нача́ла в ру́сском наро́дном хара́ктере. Та же антиноми́чность прохо́дит через всё ру́сское бытие́[2].

Вопросы и задания

1. Как вы понимаете слова Тютчева, и для чего их цитирует Бердяев?

2. Докажите, используя слова и выражения текста, что Россия — самая анархическая страна.

3. Какую роль играло рыцарство в Западной Европе? Как отразилось его отсутствие на русской жизни?

---

[1] Иван Калита (?—1340) — московский князь, заложил основы политического и экономического могущества Москвы.

[2] Бытие — жизнь, существование.

4. Почему русский народ покоряется бюрократии?

5. Что думает автор о тайне русской истории и души?

6. Что вы думаете о проблеме свободы и анархии в вашей стране?

2. Отношение к национальности

Таинственное противоре́чие есть в отноше́нии Росси́и и ру́сского созна́ния к национа́льности.

Росси́я — са́мая не шовинисти́ческая страна́ в ми́ре. Ру́сские почти́ стыдя́тся того́, что они́ ру́сские; им чужда́ национа́льная го́рдость и ча́сто да́же — увы́ — чу́ждо национа́льное досто́инство. Ру́сский не выдвига́ется, не выставля́ется, не презира́ет други́х. В ру́сской стихи́и есть како́е-то национа́льное бескоры́стие[1], же́ртвенность, неизве́стная за́падным наро́дам. Лев Толсто́й был пои́стине ру́сским в свое́й религио́зной жа́жде преодоле́ть вся́кую национа́льную ограни́ченность. И славянофи́лы хоте́ли ве́рить, что в ру́сском наро́де живёт всечелове́ческий христиа́нский дух, и они́ возноси́ли ру́сский наро́д за его́ смире́ние. Достое́вский пря́мо писа́л, что ру́сский челове́к — всечелове́к, что дух Росси́и — вселе́нский дух. Сверхнационали́зм, универсали́зм — тако́е же суще́ственное сво́йство ру́сского национа́льного ду́ха, как и безгосуда́рственность, анархи́зм. В э́том самобы́тна Росси́я и не похо́жа ни на одну́ страну́ ми́ра.

Но есть и антите́зис. Росси́я — са́мая националисти́ческая страна́ в ми́ре. Обра́тной стороно́й ру́сского смире́ния явля́ется необыча́йное ру́сское самомне́ние. «Ру́сское» и есть пра́ведное, до́брое, и́стинное, боже́ственное. Росси́я — «свята́я Русь». Росси́я грешна́, но и в грехе́ своём она́ остаётся свято́й страно́й. Тот же Достое́вский, кото́рый пропове́довал всечелове́ка, пропове́довал и са́мый изуве́рский национали́зм, трави́л поля́ков и евре́ев, отрица́л за За́падом вся́кие права́ быть христиа́нским ми́ром. Ру́сское национа́льное самомне́ние всегда́ выража́ется в том, что Росси́я счита́ет себя́ не то́лько са́мой христиа́нской, но и еди́нственной христиа́нской страно́й в ми́ре.

Церко́вный национали́зм — характе́рное ру́сское явле́ние. Ру́сская религио́зность — же́нственная религио́зность, она́ отка́зывается от му́-

---

[1] Бескорыстие — отсутствие стремления к личной выгоде, наживе.

жественного, активного духовного пути. Это не столько религия Христа, сколько религия Богородицы, религия матери-земли. Мать-земля для русского народа есть Россия. Россия превращается в Богородицу. Такая женственная, национально-стихийная религиозность должна возлагаться на мужей[1], которые берут на себя тяжесть духовной активности, несут крест. И русский народ в своей религиозной жизни возлагает её на святых, на старцев[2]. Русский народ не пытается даже думать, что святым можно подражать, что святость есть внутренний путь духа, — это было бы слишком мужественно. Русский народ хочет не столько святости, сколько преклонения перед святостью, подобно тому как он хочет не власти, а отдания себя власти. Русский народ в массе своей ленив в религиозном пути наверх, его религиозность равнинная, а не горная; коллективное смирение даётся ему легче, чем религиозная твёрдость личности.

Загадочная антиномичность России в отношении к национальности связана всё с тем же неверным соотношением мужественного и женственного начала, с неразвитостью и нераскрытостью личности. Ту же загадочную антиномичность можно проследить в России во всём, вскрыть много противоречий в русской душе.

Вопросы и задания

1. Что думает автор о русском сверхнационализме? Согласны ли вы с ним?

2. В чём выражается национализм вообще и русский в частности?

3. Чем объясняется противоречие России в отношении к национальности?

4. Есть ли проблема национализма в вашей стране? Есть ли решение этой проблемы?

---

[1] Муж (устар. и высок.) — мужчина в зрелом возрасте.

[2] Старец — особо уважаемый в монастыре монах, подвижник, духовный учитель.

3. О свободе духа

Россия — страна безграничной свободы духа, страна странничества и искания Божьей правды. В ней нет того крепкого мещанства[1], которое так отталкивает русских на Западе. Русский человек с большой лёгкостью преодолевает всякую буржуазность, уходит от всякого быта, от всякой нормированной жизни.

Тип странника[2] так характерен для России и так прекрасен. Странник свободен от «мира», и вся тяжесть земли и земной жизни свелась для него к небольшой котомке[3] на плечах. Русский тип странника нашёл себе выражение не только в народной жизни, но и в Лермонтове, в Гоголе, в Толстом и Достоевском, а на другом конце — у русских анархистов и революционеров, стремящихся по-своему к абсолютному. Россия — фантастическая страна духовного опьянения, страна Григория Распутина[4], страна самозванцев. Русская душа сгорает в пламенном искании правды, абсолютной, божественной правды и спасения для всего мира и всеобщего воскресения к новой жизни. Душа эта целиком занята решением конечных, проклятых вопросов[5] о смысле жизни.

Не раз уже указывали на то, что сам русский атеизм религиозен. Героически настроенная интеллигенция шла на смерть во имя материалистических идей. Это странное противоречие будет понято, если увидеть, что под материалистическим обличьем[6] она стремилась к абсолютному. Россия — страна бесконечной свободы и духовных далей, страна странников и искателей, страна мятежная и жуткая в своей стихийности.

А вот и антитезис. Россия — страна жуткой покорности, страна, лишённая сознания прав личности и не защищающая достоинства

---

[1] Мещанство — сословие в дореволюционной России, мелкая буржуазия.

[2] Странник — тот, кто идёт пешком на богомолье, паломник.

[3] Котомка — дорожная сумка, которую носят за плечами.

[4] Григорий Распутин (1872–1916) — фаворит при дворе императора Николая II; его имя стало символом неограниченного разгула и властолюбия, сочетающихся с почти мистической духовной властью, свойственной русскому старцу; убит монархистами.

[5] Проклятые вопросы — так называет эти вопросы Раскольников из романа Достоевского «Преступление и наказание».

[6] Обличье — облик, внешность, внешний вид.

ли́чности. Росси́я не лю́бит красоты́, бои́тся красоты́, как роско́ши, не хо́чет никако́й избы́точности. Росси́я ине́ртна, лени́ва, поко́рно ми́рится со свое́й жи́знью. Все на́ши сосло́вия предпочита́ют быть «как все». Ины́м ка́жется, что Росси́я обречена́ на ра́бство и что нет вы́хода для неё к свобо́дной жи́зни.

Ко́рень э́тих глубо́ких противоре́чий — в несоединённости му́жественного и же́нственного в ру́сском ду́хе и ру́сском хара́ктере. Безграни́чная свобо́да обора́чивается безграни́чным ра́бством, ве́чное стра́нничество — ве́чным засто́ем. Отсю́да ве́чная зави́симость от иноро́дного. С э́тим свя́зано то, что всё му́жественное, освобожда́ющее бы́ло в Росси́и как бы не ру́сским, заграни́чным, западноевропе́йским, францу́зским и́ли неме́цким и́ли гре́ческим в старину́. Росси́я как бы бесси́льна образова́ть из себя́ ли́чность. В жи́зни ду́ха владе́ют ею то Маркс, то Штейнер[1], то ино́й како́й-нибудь иностра́нный муж.

И в други́х стра́нах мо́жно найти́ все противополо́жности, но то́лько в Росси́и те́зис обора́чивается антите́зисом, бюрократи́ческая госуда́рственность рожда́ется из анархи́зма, ра́бство рожда́ется из свобо́ды, кра́йний национали́зм из сверхнационали́зма. Из э́того безвы́ходного кру́га есть то́лько оди́н вы́ход: раскры́тие внутри́ само́й Росси́и, в её духо́вной глубине́, му́жественного, ли́чного, оформля́ющего нача́ла, овладе́ние со́бственной национа́льной стихи́ей.

Вопросы и задания

1. Что отталкивает русских на Западе? Какую роль играло мещанство в истории Запада?

2. Опишите тип русского странника. Встречались ли вы с ним в русской литературе, живописи, искусстве?

3. Найдите в тексте выражения, которые характеризуют Россию как рабскую страну.

4. Какой выход из российских противоречий видит автор?

5. Встречаются ли описанные противоречия в жизни сегодняшней России? Найден ли, по вашему мнению, выход из них?

---

[1] Штейнер Рудольф (1861—1925) — немецкий философ-мистик, основатель антропософии, популярной в России в начале XX в.

4. О святости и честности

К. Лео́нтьев[1] говори́т, что ру́сский челове́к мо́жет быть святы́м, но не мо́жет быть че́стным. Че́стность — западноевропе́йский идеа́л. Ру́сский идеа́л — свя́тость. В фо́рмуле К. Лео́нтьева о́чень интере́сная пробле́ма ру́сской наро́дной психоло́гии.

У ру́сского челове́ка недоста́точно си́льно созна́ние того́, что че́стность обяза́тельна для ка́ждого челове́ка. В на́шей исто́рии отсу́тствовало ры́царское нача́ло, и э́то бы́ло неблагоприя́тно для разви́тия и для вы́работки ли́чности. Ру́сское правосла́вие не ста́вило сли́шком высо́ких нра́вственных зада́ч ли́чности сре́днего ру́сского челове́ка. Смире́ние бы́ло еди́нственной фо́рмой дисципли́ны ли́чности. Ру́сский челове́к привы́к ду́мать, что бесче́стность — невели́кое зло, е́сли при э́том он смире́нен в душе́, не горди́тся. Вы́сшие сверхчелове́ческие зада́чи стоя́т перед святы́м. Обыкнове́нный ру́сский челове́к не до́лжен ста́вить себе́ высо́кой це́ли приближе́ния к э́тому идеа́лу свя́тости. Э́то — го́рдость. Правосла́вный ру́сский ста́рец никогда́ не бу́дет направля́ть по э́тому пути́. Челове́к до́лжен жить в органи́ческом коллекти́ве, послу́шный его́ стро́ю и ла́ду[2], создава́ться свои́м сосло́вием[3], свое́й традицио́нной профе́ссией, всем традицио́нным наро́дным бы́том.

В како́м же смы́сле ру́сское наро́дное правосла́вное созна́ние ве́рит в святу́ю Русь и всегда́ утвержда́ет, что Русь живёт свя́тостью, в отли́чие от наро́дов За́пада, кото́рые живу́т лишь че́стностью, т. е. нача́лом ме́нее высо́ким? Ру́сский наро́д и и́стинно ру́сский челове́к живу́т свя́тостью не в том смы́сле, что ви́дят в свя́тости свой путь. Русь свята́ лишь в том смы́сле, что бесконе́чно уважа́ет святы́х и свя́тость, то́лько в свя́тости ви́дит вы́сшее состоя́ние жи́зни, в то вре́мя как на За́паде ви́дят вы́сшее состоя́ние та́кже и в достиже́ниях позна́ния и́ли обще́ственной справедли́вости, в торжестве́

---

[1] Лео́нтьев К.Н. (1831–1891) — русский религиозный философ начала XX века.

[2] Лад — способ, образец, манера.

[3] Сословие — общественная группа с закреплённым законом правами и обязанностями (дворянство, крестьянство и т. д.)

культу́ры, в тво́рческой гениа́льности. Для ру́сской религио́зной души́ свят не сто́лько челове́к, ско́лько сама́ ру́сская земля́. И в религио́зных ви́дениях ру́сского наро́да ру́сская земля́ представля́ется само́й Богоро́дицей.

Душа́ ру́сского наро́да никогда́ не поклоня́лась золото́му тельцу́[1] и, ве́рю, никогда́ ему́ не покло́нится. Ру́сский челове́к бу́дет гра́бить и нажива́ться нечи́стыми путя́ми, но при э́том он никогда́ не бу́дет почита́ть материа́льные бога́тства вы́сшей це́нностью, он бу́дет ве́рить, что жизнь свято́го Серафи́ма Саро́вского вы́ше всех земны́х благ[2] и что свято́й Серафи́м спасёт его́ и всех гре́шных ру́сских люде́й. Ру́сский челове́к мо́жет быть отча́янным моше́нником и престу́пником, но в глубине́ души́ он и́щет спасе́ния у святы́х, у их посре́дничества. Э́то да́же нельзя́ назва́ть лицеме́рием. Э́то — века́ми воспи́танный осо́бый душе́вный укла́д[3], осо́бый путь. Европе́йский буржуа́ обогаща́ется с созна́нием своего́ большо́го соверше́нства и превосхо́дства, с ве́рой в свои́ буржуа́зные доброде́тели. Ру́сский буржуа́, обогаща́ясь, всегда́ чу́вствует себя́ немно́го гре́шником и немно́го презира́ет буржуа́зные доброде́тели.

Вопросы и задания

1. Почему К. Леонтьев считает, что русский человек не может быть честным?

2. В каком смысле русский человек живёт святостью?

3. В чём видят высшее состояние жизни на Западе и в России?

4. Как связаны русские представления о святости и честности с историческим путём России?

5. Какие представления о святости и честности существуют в вашей национальной культуре?

---

[1] Золотой телец — золото, деньги и их власть.

[2] Земные блага — то, что даёт материальные удовольствия (сравните: небесные блага).

[3] Уклад — порядок в организации чего-либо (жизни, быта и т. п.).

Д.С. Лихачёв
О русской культуре

Единство и разнообразие русской культуры

Россию упрекают. Россию восхваляют. Одни считают её культуру несамостоятельной, подражательной. Другие гордятся её прозой, поэзией, театром, музыкой, иконописью... Одни видят в России гипертрофию государственного начала. Другие отмечают в русском народе анархическое начало. Одни отмечают в нашей истории отсутствие целеустремлённости. Другие видят в русской истории «русскую идею», наличие у нас сознания гипертрофированной собственной миссии. Между тем движение к будущему невозможно без точного понимания прошлого и характерного.

Россия необъятна[1]. И не только своим поразительным разнообразием человеческой природы, разнообразием культуры, но и разнообразием уровней — уровней во всех душах её обитателей: от высочайшей духовности до того, что в народе называют «паром вместо души».

Гигантская земля. И именно земля, почва. Она же страна, государство, народ. И недаром, когда шли на поклонение к её святыням, замолить грех[2] или поблагодарить Бога, — шли пешими, босыми, чтобы ощутить её почву и пространство, пыль дорог и траву придорожных тропинок, увидеть и пережить всё по пути. Нет святости без подвига. Нет счастья без трудностей его достижения. Идти тысячи вёрст[3]: до Киева, до Соловков[4], плыть до Афона[5] — и это тоже частица России. А возникло это ощущение единства давно. Ведь в самой легенде о приглашении трёх братьев-варягов сказалось представление о братстве племён, ведших свой княжеские роды от родоначальников-братьев.

---

[1] Необъятный — тот, которого нельзя измерить, пройти до конца.

[2] Грех — нарушение религиозно-моральных предписаний.

[3] Верста — русская мера длины, равная 1,06 км.

[4] Соловки — группа островов в Белом море; на Соловецких островах расположен Соловецкий монастырь — важный духовный центр русского православия.

[5] Афон — полуостров в Эгейском море, один из важных центров русского православия и книжности.

Ру́сская земля́, вся — с бу́дущей Украи́ной, Белору́ссией и Великоро́ссией — была́ сравни́тельно сла́бо населена́. Населе́ние стра́дало от э́той вы́нужденной разобщённости, сели́лось преиму́щественно по торго́вым путя́м — ре́кам, сели́лось деревня́ми. Враги́ приходи́ли «из не́вести[1]», степь была́ «страно́й незна́емой», за́падные сосе́ди — «не́мцы», то есть наро́ды «немы́е», говоря́щие на незнако́мых языка́х. Поэ́тому среди́ лесо́в, боло́т и степе́й лю́ди стреми́лись пода́ть знак о себе́ высо́кими строе́ниями церкве́й, как маяка́ми, ста́вившимися на излу́чинах рек, на берегу́ озёр, про́сто на холма́х, чтоб их ви́дно бы́ло и́здали. Нигде́ в ми́ре нет тако́й любви́ к сверка́ющим зо́лотом, и́здали ви́дным купола́м церкве́й, к рассчи́танному на широ́кие просто́ры «голосоведе́нию», к хорово́му пе́нию, к я́рким кра́скам, контра́стным зелёному цве́ту и выделя́ющимся на фо́не бе́лых снего́в чи́стым цвета́м наро́дного иску́сства. И до сих пор, когда́ я уви́жу золоту́ю гла́вку це́ркви и́ли золото́й шпиль Адмиралте́йства, освеща́ющий собо́й весь Не́вский, золото́й шпиль Петропа́вловской кре́пости — меч, защища́ющий го́род, — се́рдце моё сжима́ется от сла́дкого чу́вства восто́рга. Золото́е пла́мя це́ркви и́ли золото́е пла́мя свечи́ — э́то си́мволы духо́вности. «Свеча́ бы не уга́сла» — так писа́ли в свои́х завеща́ниях моско́вские князья́, забо́тясь о це́лостности Ру́сской земли́.

Вот почему́ на Руси́ так люби́ли стра́нников, прохо́жих, купцо́в. И привеча́ли госте́й, то есть прое́зжих купцо́в. Гостеприи́мство, сво́йственное мно́гим наро́дам, ста́ло ва́жной черто́й хара́ктера — ру́сского, украи́нского и белору́сского. Гость разнесёт до́брую молву́ о хозя́евах. От го́стя мо́жно услы́шать и об окружа́ющем ми́ре, далёких зе́млях. Потому́ и ве́ра христиа́нская, как бы наложи́вшаяся на ста́рое до́брое язы́чество, была́ с таки́м ма́лым сопротивле́нием принята́ на Руси́, что она́ ввела́ Русь в мирову́ю исто́рию и мирову́ю геогра́фию. Лю́ди в свое́й ве́ре переста́ли чу́вствовать себя́ одино́ким наро́дом, получи́ли представле́ние о челове́честве в це́лом.

Но объединя́ющим нача́лам в ру́сской земле́ противостоя́т широ́кие простра́нства, разделя́ющие собо́й сёла и города́. «Гардари́кией» — «страно́й городо́в» — называ́ли скандина́вы Русь. Одна́ко между города́ми и сё-

---

[1] Невесть — неизвестно, непонятно.

лами тянулись безлюдные пространства, иногда трудно преодолеваемые. И из-за этого зрели в Руси не только объединяющие, но и разъединяющие начала. Что ни город, то свой норов[1], то свой обычай. Русская земля всегда была не только тысячей городов, но и тысячей культур. Возьмите то, что больше всего бросается в глаза и что больше всего заботило жителей России, — архитектуру. Архитектура Руси — это целый разнообразнейший мир. Мир весёлых строительных выдумок, многочисленных стилей, создававшихся по-разному в разных городах и в разные времена. Одновременно воздвигаются храмы в Новгороде и во Владимире, в Смоленске и в Ярославле. И в Новгороде оказываются церкви, построенные в духе не только новгородских, но и смоленских, потом московских и волжских соборов. Ничего агрессивного, не допускающего существования зданий другого стиля или другой идеологической наполненности. В Новгороде существовала варяжская божница[2], была Чудинцева улица — улица угрофинского племени чуди, даже в Киеве был Чудин двор — очевидно, подворье[3] купцов из далёкой северной Эстонии на Чудском озере. А в XIX в. на Невском проспекте, проспекте веротерпимости, как его называли иностранцы, была и голландская церковь, и лютеранская, и католическая, и армянская, и только две православные — Казанский собор и Знаменская церковь.

Лихачёв Дмитрий Сергеевич (1906–1999) — академик, литературовед, исследователь древнерусской литературы. В последние годы — автор ряда публицистических статей, выступлений о проблемах нравственности и культуры.

Вопросы и задания

1. За что Россию упрекают и за что восхваляют?

2. Как вы понимаете слова «Россия необъятна»? Опишите русский пейзаж, каким он вам представляется после чтения текста.

---

[1] Норов (прост.) — характер.

[2] Божница — полка или киот с иконами.

[3] Подворье — дом с пристройками, принадлежавший иногороднему лицу и служивший для временных остановок, хранения товара.

3. Как и почему возникло в России чувство единства страны?

4. Почему русские люди любили гостей?

5. Приведите примеры разнообразия русской культуры. Какие примеры взаимодействия русской и вашей национальной культур вам известны?

6. Что раньше значило по-русски слово «немец»? Подумайте, какая связь между словами «невесть» и «невеста», найдите к ним однокоренные слова.

Национальная открытость и консерватизм

Рассма́тривая ка́рту культу́ры Евро́пы, ско́лько в ней мы узнаём «своего́», ну́жного для нас! Поэ́тому-то так важна́ нам на́ша приро́дная откры́тость, воспи́танная в нас отсу́тствием есте́ственных грани́ц. Изда́ния, перево́ды, о́тклики на на́ши произведе́ния за рубежо́м помога́ют нам наряду́ с о́ткликами на́шими со́бственными самоопредели́ться в мирово́й культу́ре, найти́ в ней своё ме́сто. Поэ́тому-то так важны́ для нас зарубе́жные изда́ния и иссле́дования Достое́вского, Булга́кова, Пастерна́ка и т. д. Поэ́тому-то так важны́ для нас внима́ние к на́шей му́зыке и музыка́нтам, к на́шим ико́нам и фре́скам, впечатле́ния тури́стов от на́ших городо́в, от их индивидуа́льного о́блика.

Ру́сскому наро́ду припи́сывается беспрекосло́вная поко́рность госуда́рству. До́ля пра́вды в э́том есть, и́бо в Росси́и не́ было традицио́нных форм для выраже́ния наро́дного мне́ния. Поэ́тому любо́вь к свобо́де выража́лась по преиму́ществу в сопротивле́ниях. Перехо́ды из одного́ кня́жества в друго́е крестья́н и отъе́зды князе́й и боя́р. Ухо́д в каза́чество, навстре́чу любы́м опа́сностям. Бу́нты — Ме́дный, Ра́зинский, Пугачёвский[1] и мно́гие други́е! Боро́лись не то́лько за свои́ права́, но и за чужи́е. Одно́ из са́мых удиви́тельных явле́ний в мирово́й исто́рии — восста́ние декабри́стов[2]. И оно́ типи́чно ру́сское. Весьма́ состоя́тельные лю́ди, лю́ди высо́кого

---

[1] Медный бунт — городское восстание против введения медных денег (XVII век); Разинский бунт (1670–1671) — восстание донских казаков под руководством Степана Разина; Пугачёвский бунт (1773–1775) — восстание уральских казаков и крестьян под руководством Емельяна Пугачёва.

[2] Декабристы — участники восстания дворян (14 декабря 1825 года), направленного на ликвидацию абсолютной монархии в России.

78

общественного положе́ния поже́ртвовали все́ми свои́ми сосло́вными и иму́щественными привиле́гиями ра́ди обще́ственного бла́га. Вы́ступили не за свои́ права́, как э́то обы́чно быва́ло во всех выступле́ниях, а за права́ тех, чей труд са́ми перед тем присва́ивали. В по́двиге дека́бристов есть мно́го наро́дного.

Русь ещё до тата́ро-монго́льского и́га[1], когда́ она́ не вы́делила из себя́ украи́нцев, великору́сов и белору́сов, зна́ла уже́ му́жество непротивле́ния[2]. Святы́е Бори́с и Глеб без сопротивле́ния принима́ют смерть от своего́ бра́та Святопо́лка Окая́нного во и́мя госуда́рственных интере́сов. Тверско́й князь Михаи́л и его́ боя́рин Фёдор доброво́льно е́дут в Орду́ и там принима́ют смерть за отка́з вы́полнить язы́ческий обря́д. Крестья́не ухо́дят от крепостно́го пра́ва[3] на край све́та в по́исках счастли́вого Белово́дского ца́рства. Старове́ры предпочита́ют сжига́ть себя́, чем подда́ться искуше́нию измени́ть ве́ре. И э́то непротивле́ние злу? Пожа́луй, тако́е сопротивле́ние неча́сто зна́ет исто́рия!

В ру́сской культу́ре могли́ сосуществова́ть о́чень дре́вние слои́ и о́чень но́вые, легко́ образу́ющиеся. Для ру́сского истори́ческого разви́тия характе́рны одновреме́нно консервати́зм и бы́стрые сме́ны обще́ственных настрое́ний, взгля́дов. Ка́жется, что да́же са́мые сме́ны поколе́ний соверша́ются в Росси́и через ме́ньшее число́ лет, чем на За́паде. Э́то происхо́дит потому́, что в ру́сской жи́зни непреме́нно что́-то остаётся от ста́рого, а с друго́й стороны́, есть стра́стность, развива́ющая э́то ста́рое и и́щущая но́вого. Кто бы мог поду́мать, что у нас и сейча́с продолжа́ется традицио́нное древнеру́сское иконописа́ние, составле́ние жити́й святы́х[4] и перепи́ска ру́кописей древнеру́сскими приёмами? Культу́рный укла́д Росси́и меня́лся, с одно́й стороны́, кардина́льно, с друго́й — оставля́л це́лостные систе́мы ста́рого. Так бы́ло и в эпо́ху Петра́.

---

[1] Иго — сила, которая угнетает, делает рабом.

[2] Непротивление — преодоление зла не насилием, а покорностью, смирением.

[3] Крепостное право — законодательное право, существовавшее в России до 1861 г., по которому крестьянин находился в полной зависимости от феодала-помещика (экономической, политической, личной).

[4] Жития святых — биографии духовных и светских лиц, канонизированных христианской церковью.

Эту особенность русской культуры можно оценивать двойственно: и как благоприятную для её развития, и как отрицательную. Она вела к драматическим ситуациям. Но важно ещё и то, что благодаря ей русская культура включается в удивительно широкие рамки.

Свобода выбора увеличивалась и благодаря открытости русской культуры. Культура всей Европы, всех европейских стран и всех эпох оказывается в зоне нашего наследия. Рядом с Русским музеем существует Эрмитаж, оказавший колоссальное влияние на развитие русской живописи. Перейдя Неву, воспитанники Академии художеств учились у Рембрандта и Веласкеса, у «малых голландцев», которые так повлияли на будущих передвижников[1]. Русская культура благодаря совмещению в ней различных наследий полна внутренней свободы.

О чём же свидетельствует эта широта и поляризованность русского человека? О чём свидетельствуют «уроки России»? Прежде всего — о громадном разнообразии возможностей, скрытых в русском характере, об открытости выбора, о неожиданности появления нового, о возможности бунта против бунта, организованности против неорганизованности, о внутренней свободе русского человека, в котором сквозь завесу дурного может неожиданно вспыхнуть самое лучшее, чистое и совестливое. Исторический путь России свидетельствует о громадных запасах не только материальных благ[2], но и духовных ценностей. При этом мы видим царственное пренебрежение материальными благами, в уродливых своих формах переходящее в мотовство[3].

Россия не абстрактное понятие. Развивая её культуру, надо знать, что представляла её культура в прошлом и чем она является сейчас. Как это ни сложно, изучать Россию необходимо.

---

[1] Передвижники — группа художников-реалистов (И.Е. Репин, А.И. Куинджи, В.И. Суриков и др.), входивших в Товарищество передвижных художественных выставок (1870 г.).

[2] Материальные (земные) блага — то, что удовлетворяет человеческие потребности, даёт материальный достаток, приносит удовольствие (сравните: духовные блага).

[3] Мотовство — бездумная трата больших денежных сумм.

Вопросы и задания

1. Почему для русских важно внимание к их культуре?

2. Почему говорят о покорности русского наро́да? Приведите примеры непротивления.

3. В чём проявляется открытость русской культуры?

4. О чём говорят «уроки России»?

5. Какие черты характерны для вашей национальной культуры?

П.Л. Капица
Ломоносов и мировая наука

1

Чем крупнее человек, тем больше противоречий в нём самом и тем больше противоречий в тех задачах, которые ставит перед ним жизнь. Диапазон этих противоречий и является мерой гениальности человека.

Мне хотелось бы сейчас остановиться на одном из противоречий в жизни Ломоносова, которое актуально для нас и сейчас.

Не раз Ломоносов говорил, что его деятельность как поэта и писателя, реформатора русского языка, историка, общественного деятеля, геолога, администратора мало его удовлетворяет, и основное своё призвание он видит в научной работе, в физике и химии. С самого начала своего пребывания в Академии наук, с 1741 года, он занимал место адъюнкта[1] по физике, а через четыре года был назначен профессором химии. Естественно предположить, что при этих условиях гений Ломоносова должен был оставить крупнейший след как в отечественной, так и в мировой науке. Но мы знаем, что этого не произошло.

Не только на Западе почти не знали научных работ Ломоносова как физика и химика, но и у нас они оставались или неизвестными, или забытыми до самого недавнего времени. В обеих больших русских энциклопедиях, как Брокгауза, так и Граната, так же как и в Британской энциклопедии и во французском Ларуссе, ничего не говорится о работах Ломоносова как физика и химика. С другой стороны, А.С. Пушкин, анализируя деятельность Ломоносова, говорит: «Ломоносов сам не дорожил своей поэзией и гораздо более заботился о своих химических опытах, чем об одах». В историю вошли замечательные слова Пушкина: «Он сам был первым нашим университетом». Для нас очень важно мнение Пушкина, как одного из самых образованных и глубоко понимающих русскую действительность людей. К тому же Пушкин мог ещё встречать людей, которые видели и слышали живого Ломоносова. Но характерно,

---

[1] Адъюнкт — младший сотрудник в Академии наук.

что никто́ из совреме́нников не мог описа́ть, что же действи́тельно сде́лал в нау́ке Ломоно́сов, за что его́ на́до счита́ть вели́ким учёным.

То́лько благодаря́ публика́циям рабо́т учёного в нача́ле на́шего ве́ка мы узна́ли, над чем и как рабо́тал Ломоно́сов. Тепе́рь, зна́я, по како́му пути́ развива́лась нау́ка по́сле Ломоно́сова, мы мо́жем безоши́бочно сказа́ть, что для своего́ вре́мени его́ нау́чная рабо́та, несомне́нно, должна́ была́ оста́вить глубо́кий след в разви́тии мирово́й нау́ки.

Как же могло́ случи́ться, что вся э́та нау́чная де́ятельность Ломоно́сова прошла́ так бессле́дно не то́лько за грани́цей, но и у нас? Коне́чно, така́я изоля́ция нау́чной де́ятельности Ломоно́сова от мирово́й нау́ки не могла́ произойти́ случа́йно, она́ име́ла свои́ истори́ческие причи́ны.

Вопросы и задания

1. Какие противоречия в жизни Ломоносова обращают на себя внимание?

2. В чём Ломоносов видел своё основное призвание?

3. В чём видел значение Ломоносова для русской культуры Пушкин?

2

Напо́мню, что в исто́рии культу́ры челове́чества то́лько XVI век мо́жно счита́ть нача́лом интенси́вного ро́ста есте́ственных нау́к. До э́того вре́мени челове́чество та́кже зна́ло вели́ких учёных, как, наприме́р, Пифаго́р, Архиме́д, Авице́нна[1], но они́ бы́ли ге́ниями-одино́чками. Нау́ка тогда́ развива́лась ме́дленно. То́лько с XVI ве́ка нау́ка ста́ла развива́ться бы́стрыми те́мпами в результа́те того́, что нау́чная рабо́та ста́ла коллекти́вным тво́рчеством люде́й, проходя́щим в интернациона́льном масшта́бе. В нём при́няли уча́стие поля́к Копе́рник, датча́нин Ти́хо Бра́ге, не́мец Ке́плер, италья́нец Галиле́й, англича́нин

---

[1] Пифагор, Архимед — древнегреческие учёные и философы; Авиценна (ибн Сина) — средневековый арабский учёный, философ, врач.

Ньютóн, францу́з Декáрт, голлáндец Гю́йгенс[1] и ещё мнóго-мнóго други́х, мéнее извéстных учёных.

И сегóдня коллекти́вный труд учёных в междунарóдном масштáбе явля́ется основны́м фáктором бы́строго рóста наýки. Он стал возмóжен прéжде всегó благодаря́ изобретéнию в XV вéке книгопечáтания.

Ужé в начáле XVI вéка значéние наýки как си́лы, направля́ющей культýру по прáвильному пути́, бы́ло чётко сформули́ровано Фрэ́нсисом Бэ́коном[2]. Бэ́кон даёт слéдующий краси́вый óбраз, где наýка проти-вопоставля́ется эмпири́зму: «Хромóй человéк, иду́щий по вéрной дорóге, мóжет обогнáть бы́струю лóшадь, éсли та бежи́т по непрáвильному пути́. Дáже бóлее тогó, чем быстрéе бежи́т лóшадь, раз сби́вшись с пути́, тем дáльше остáвит её за собóй хромóй». Я даю́ э́то описáние так подрóбно, поскóльку Бэ́кон в те временá широкó читáлся. Егó взгля́ды бы́ли хорошó извéстны прави́телям передовы́х стран, и в э́то врéмя разви́тие наýки стáло госудáрственным дéлом. Тогдá же наýчная рабóта так распространи́лась, что появи́лась необходи́мость согласóванной рабóты, поэ́тому ужé в XVII вéке во мнóгих странáх начинáют создавáться акадéмии наýк и́ли аналоги́чные им наýчные óбщества. Начинáют печáтаться периоди́ческие наýчные журнáлы и мемуáры.

Вопросы и задания

1. Какие изменения произошли в развитии мировой науки в XVI веке?

2. Какие способы международной научной кооперации появляются в это время?

---

[1] Н. Коперник — польский астроном, открывший движение Земли и других планет вокруг Солнца и вокруг своей оси; Тихо Браге — датский астроном, составивший таблицы звёзд и точно определивший координаты планет Солнечной системы; И. Кеплер — немецкий астроном, открывший законы движения планет; Г. Галилей — итальянский учёный, изобретатель телескопа, наблюдавший пятна на Солнце и горы на Луне, открыл законы инерции, свободного падения, сложения движений; И. Ньютон — английский учёный, создатель классической механики, открывший закон всемирного тяготения; Р. Декарт — французский философ, математик, физик, разрабатывавший философскую теорию рационализма; Гюйгенс — нидерландский учёный, описавший законы колебаний и волновую теорию света.

[2] Ф. Бэкон (1561—1626) — великий английский философ-материалист.

3. Согласны ли вы с оценкой роли науки в обществе, которую дал ей некогда Фрэнсис Бэкон? Попробуйте возразить ему.

3

Пётр I при посещéнии им Еврóпы бы́стро уви́дел значéние наýки для разви́тия страны́ и, конéчно, не мог не понимáть, что Росси́и, чтóбы стать передовóй, культýрной странóй, тóже нужнá наýка. Создаётся нáша Акадéмия ужé пóсле смéрти Петрá, в 1725 годý. Хорошó извéстно, что Акадéмия былá сформирóвана из иностáнцев с тем, чтóбы они воспитáли рýсских учёных. Но когдá в 1741 годý Ломонóсов возврати́лся из Гермáнии в Петербýрг, емý пришлóсь начинáть свою́ наýчную дéятельность ужé в други́х услóвиях.

К э́тому врéмени идéя разви́тия своéй, рýсской наýки началá отходи́ть на вторóй план. Сначáла Бернýлли, а потóм Э́йлер[1] поки́нули Акадéмию. Поэ́тому в Акадéмии наýк в свои́х рабóтах по фи́зике и хи́мии Ломонóсов был почти́ оди́н. За разви́тием наýки емý приходи́лось следи́ть по литератýре, котóрой бы́ло немнóго, ли́чного контáкта с крýпными учёными у негó нé было, так как Ломонóсов, став учёным, ни рáзу не выезжáл за грани́цу, а иностáнные учёные в Петербýрг не приезжáли, поскóльку тогдáшняя Акадéмия наýк не представля́ла интерéса.

Несмотря́ на э́ту изоля́цию от мировóй наýки, Ломонóсов всё же сумéл сосредотóчить свои́ рабóты на сáмых актуáльных проблéмах хи́мии и фи́зики тогó врéмени. Как учёный, он совмещáл в себé мысли́теля и эксперементáтора. Интерéсны егó выскáзывания о свя́зи теóрии и эксперимéнта, они́ вполнé актуáльны и сегóдня.

Во главý изучéния прирóды Ломонóсов стáвил óпыт, э́то егó харáктéрная чертá как учёного. Поэ́тому он мнóго сил отдáл, чтóбы создáть свою́ лаборатóрию. Но совремéнники мáло цени́ли Ломонóсова как учёного, егó цени́ли, прéжде всегó, как поэ́та.

Ломонóсова тáкже цени́ли как истóрика, как создáтеля литератýрного рýсского языкá, за егó граммáтику, за егó перевóды, цени́ли егó как

---

[1] Д. Бернулли и Л. Эйлер — швейцарские математики, работавшие в петербургской Академии наук в 30-х годах XVIII века.

госуда́рственного де́ятеля, забо́тившегося о разви́тии образова́ния и те́хники в Росси́и. Значе́ние его́ нау́чных заня́тий в лаборато́рии не́ было по́нято.

Вопросы и задания

1. Когда и почему создаётся Российская академия наук? Какие крупные учёные работали в ней?

2. Как изменились условия в академии к началу научной деятельности Ломоносова?

3. Почему Ломоносов следил за развитием науки только по литературе? Достаточно ли этого, на ваш взгляд, для профессионального роста?

4. Какие черты характеризуют Ломоносова как учёного? За что его ценили современники?

4

Прихо́дится удивля́ться тому́, как мно́го сде́лал Ломоно́сов в о́бласти экспериме́нта́льной ба́зисной нау́ки несмотря́ на всё э́то. Во-пе́рвых, он о́чень широко́ рассма́тривал в свои́х рабо́тах разли́чные о́бласти фи́зики. Он изуча́л жи́дкое, твёрдое и газообра́зное состоя́ние тел. Он тща́тельно разрабо́тал термометри́ю, он то́чно калиброва́л свои́ рту́тные термо́метры. По́льзуясь и́ми, он, наприме́р, определи́л коэффицие́нт расшире́ния га́зов при нагрева́нии с удиви́тельной для своего́ вре́мени то́чностью. Сра́внивая его́ да́нные с совреме́нными, мы нахо́дим, что он сде́лал оши́бку ме́ньше 3%, что бы́ло в де́сять раз точне́е при́нятого тогда́ значе́ния. Э́то пока́зывает исключи́тельно высо́кую те́хнику Ломоно́сова как эксперимента́тора.

Несомне́нно, э́ти рабо́ты Ломоно́сова должны́ бы́ли уже́ са́ми по себе́ поста́вить его́ в ряд крупне́йших эксперимента́торов того́ вре́мени. Интере́сно, что о́пыты Ломоно́сова по электри́честву, в кото́рых он развива́л рабо́ты Фра́нклина, бо́лее изве́стны не по свои́м нау́чным результа́там, а потому́ что они́ привели́ к сме́рти его́ ученика́. В ито́ге Ломоно́сов вы́двинул интере́сную гипо́тезу о приро́де электри́ческого заря́да в облака́х.

Есть у него́ и ряд опти́ческих рабо́т, он постро́ил бо́лее соверше́нные опти́ческие прибо́ры, как, наприме́р, телеско́п-рефле́ктор, кото́рым в 1761 году́ наблюда́л ре́дкое явле́ние — прохожде́ние Вене́ры по ди́ску Со́лнца. Он заме́тил деформа́цию краёв диска Вене́ры и э́тим пе́рвым показа́л, что на Вене́ре должна́ быть атмосфе́ра. Интере́сно отме́тить, что в совреме́нных астрономи́ческих руково́дствах пи́шут, что тако́е же доказа́тельство бы́ло сде́лано лишь в 1882 году́, т. е. на 121 год по́зже, когда́ Вене́ра опя́ть проходи́ла через со́лнечный диск.

Са́мым кру́пным по своему́ значе́нию достиже́нием Ломоно́сова бы́ло эксперимента́льное доказа́тельство «зако́на сохране́ния мате́рии». Откры́тие Ломоно́совым зако́на сохране́ния мате́рии тепе́рь хорошо́ изу́чено, и несомне́нность того́, что Ломоно́сов пе́рвым его́ откры́л, по́лностью устано́влена. В 1756 году́ он сде́лал класси́ческий о́пыт, аналоги́чный знамени́тому о́пыту Лавуазье́[1], но о́пыт Лавуазье́ был сде́лан на 17 лет по́зже. Несомне́нно, что э́то откры́тие одного́ из са́мых фундамента́льных зако́нов приро́ды должно́ бы́ло в исто́рии нау́ки поста́вить и́мя Ломоно́сова в ряду́ крупне́йших мировы́х учёных.

Но все э́ти рабо́ты Ломоно́сова не то́лько не́ были широко́ изве́стны за грани́цей, но большинство́ из них не́ было изве́стно и у нас. Очеви́дно, что при э́тих усло́виях рабо́ты Ломоно́сова по фи́зике и хи́мии не могли́ оказа́ть влия́ния на разви́тие как мирово́й, так и на́шей нау́ки.

Почему́ же э́то произошло́?

Вопросы и задания

1. Что доказывает высокую технику Ломоносова-экспериментатора?
2. Какие научные открытия в области физики были им сделаны?
3. Почему работы Ломоносова не оказали влияния на развитие мировой науки?

---

[1] А. Лавуазье — французский химик, независимо от Ломоносова открывший закон сохранения материи; описал роль кислорода в процессах горения и дыхания, систематически применял количественные методы в химических экспериментах.

5

Пе́рвой причи́ной того́, что рабо́ты Ломоно́сова бы́ли ма́ло изве́стны за грани́цей, могло́ быть, каза́лось бы, то, что он не придава́л значе́ния приорите́ту свои́х откры́тий и недоста́точно публикова́л свои́ рабо́ты. Но доше́дшие до нас материа́лы пока́зывают, что Ломоно́сов придава́л э́тому значе́ние, поэ́тому он публикова́л свои́ рабо́ты ли́бо по-латы́ни, ли́бо по-неме́цки: обо́ими языка́ми он прекра́сно владе́л. Изве́стно та́кже, что Ломоно́сов писа́л о свои́х рабо́тах Э́йлеру и ря́ду други́х учёных. Сле́дует вспо́мнить, что ли́чная перепи́ска ме́жду учёными в то вре́мя рассма́тривалась как оди́н из наибо́лее эффекти́вных ме́тодов нау́чной информа́ции и все широко́ е́ю по́льзовались. Таки́м о́бразом, нет никаки́х основа́ний счита́ть, что как за рубежо́м, так и у нас учёные не могли́ знать о рабо́тах Ломоно́сова. Они́ их зна́ли, но не обраща́ли на них до́лжного внима́ния.

Не́которые био́графы Ломоно́сова выска́зывали предположе́ние, что невнима́ние к рабо́там Ломоно́сова происходи́ло от того́, что его́ иде́и бы́ли сли́шком передовы́ми. Мне ду́мается, что э́то предположе́ние то́же неоснова́тельно. Хотя́ взгля́ды Ломоно́сова бы́ли передовы́ми, но он не́ был одино́к.

Здесь та́кже уме́стно вспо́мнить о том, что вообще́ в исто́рии ру́сской нау́ки изоля́ция ру́сских учёных от мирово́й нау́ки ча́сто име́ла ме́сто. Но мне ду́мается, что сле́дует иска́ть о́бщую причи́ну, кото́рая бо́лее глубока́, чем перечи́сленные.

Ча́сто прихо́дится слы́шать, что невнима́ние к достиже́ниям ру́сских учёных объясня́ется тем, что культу́ра славя́н обы́чно на За́паде рассма́тривалась как второстепе́нная и её не сто́ило учи́тывать в исто́рии мирово́й культу́ры. Несомне́нно, в XVIII и XIX века́х тако́е отноше́ние к славя́нам вообще́ и к ру́сским в ча́стности дово́льно ча́сто име́ло ме́сто, но я ду́маю, что оно́ не мо́жет служи́ть объясне́нием поста́вленного вопро́са, так как исто́рия нау́ки пока́зывает, что оце́нка нау́чных достиже́ний кру́пных учёных всегда́ лежа́ла за преде́лами национа́льных грани́ц. Призна́вали же Копе́рника, хотя́ он был славяни́н. К тому́ же э́то не объясня́ет, почему́ мы са́ми так недооце́нивали нау́чную де́ятельность Ломоно́сова и ря́да други́х ру́сских учёных.

Мне ду́мается, что объясне́ние на́до иска́ть в тех усло́виях, в кото́рых нау́ка развива́ется в стране́. Недоста́точно учёному сде́лать нау́чное откры́тие, ну́жно, что́бы в стране́ существова́ли определённые усло́вия и существова́ла ну́жная связь с нау́чной обще́ственностью за грани́цей. Е́сли э́тих усло́вий нет, то да́же замеча́тельные нау́чные рабо́ты не смо́гут оказа́ть влия́ние на разви́тие мирово́й культу́ры. Вот на э́тих усло́виях, кото́рые бы́ли необходи́мы во времена́ Ломоно́сова так же, как и важны́ в на́ши дни, я и хочу́ останови́ться.

Жизнь неизме́нно пока́зывает, что коллекти́вная рабо́та учёных как внутри́ страны́, так и в междунаро́дном масшта́бе возмо́жна то́лько при ли́чном конта́кте. Учёному ну́жно не то́лько опубликова́ть свою́ рабо́ту, но он ещё до́лжен убеди́ть люде́й в её справедли́вости и доказа́ть её значе́ние. Всё э́то успе́шно мо́жно сде́лать то́лько при ли́чном конта́кте. Как во времена́ Ломоно́сова, так и в на́ше вре́мя, что́бы учёный свои́ми рабо́тами мог влия́ть на коллекти́вную рабо́ту, необходи́мо ли́чное обще́ние, необходи́м живо́й обме́н мне́ниями, необходи́ма диску́ссия, всего́ э́того не мо́жет замени́ть ни печа́тная рабо́та, ни перепи́ска. То́лько когда́ ви́дишь челове́ка, ви́дишь его́ лаборато́рию, слы́шишь интона́цию его́ го́лоса, ви́дишь выраже́ние его́ лица́, появля́ется дове́рие к его́ рабо́те и жела́ние сотру́дничества с ним. По э́той же причи́не никако́й уче́бник не мо́жет замени́ть учи́теля.

Траге́дия изоля́ции от мирово́й нау́ки Ломоно́сова и други́х на́ших учёных-одино́чек и состоя́ла то́лько в том, что они́ не могли́ включи́ться в коллекти́вную рабо́ту учёных за грани́цей, так как они́ не име́ли возмо́жности путеше́ствовать за грани́цу. Э́то и есть отве́т на поста́вленный на́ми вопро́с — о причи́не отсу́тствия влия́ния их рабо́т на мирову́ю нау́ку.

Тепе́рь нам остаётся ещё останови́ться на вопро́се, почему́ у нас в стране́ нау́чная рабо́та Ломоно́сова так до́лго не получа́ла призна́ния. Соверше́нно я́сно, что для призна́ния учёного необходи́мо, что́бы окружа́ющее его́ о́бщество могло́ понима́ть и оце́нивать его́ рабо́ту по существу́. Поэ́тому призна́ние рабо́т Ломоно́сова по фи́зике и хи́мии то́лько тогда́ ста́ло возмо́жным, когда́ у нас в стране́ появи́лась своя́ нау́чная обще́ственность.

Сле́дует останови́ться на э́том уро́ке исто́рии, что́бы оцени́ть ту грома́дную роль, кото́рую игра́ет обще́ственность в организа́ции нау́ки.

Творчество учёного не мо́жет успе́шно развива́ться вне коллекти́ва. Бо́льше того́, как у́ровень иску́сства в стране́ определя́ется вку́сами и культу́рой о́бщества, так и у́ровень нау́ки определя́ется сте́пенью разви́тия нау́чной обще́ственности.

Капи́ца Петр Леонидович (1894—1984) — выдающийся учёный-физик. Свою научную деятельность начал на кафедре А.Ф. Иоффе в Петроградском политехническом институте, который он окончил в 1918 году. В 1921 году был направлен в научную командировку в Англию, в лабораторию Э. Резерфорда. С 1924 по 1932 год был заместителем директора Кавендишской лаборатории по магнитным исследованиям, с 1930 по 1934 год — директор Мондовской лаборатории в Кембридже. В 1935—1946 и с 1955 года — директор основанного им в Москве Института физических проблем. Широко известны его исследования в области физики магнитных явлений, физики и техники низких температур, квантовой физики конденсированного состояния, электроники и физики плазмы. Был членом многих научных академий, главным редактором «Журнала экспериментальной и теоретической физики», председателем координационного совета Московского физико-технического института, членом Советского комитета международного Пагуошского движения учёных за мир и разоружение.

Вопросы и задания

1. Как Ломоносов относился к вопросу о приоритете в науке? Докажите.

2. Согласны ли вы с утверждением, что в науке всегда имела место дискриминация по национальному признаку?

3. Какие факторы способствуют влиянию научного открытия на развитие мировой культуры?

4. Согласны ли вы с той ролью в развитии науки, которую П.Л. Капица отводит личным контактам учёных?

5. Может ли, на ваш взгляд, учебник заменить учителя?

6. Почему судьба Ломоносова представялет интерес и сегодня?

7. Составьте ко всему тексту план, аннотацию, тезисы.

В. Белов
Лад. Очерки о народной эстетике

Нищие

Бывала на Руси и такая профессия! Терпимость русского народа допускала такие редкие нравственные отклонения. Профессиональное нищенство, к тому же, в чистом виде встречалось редко. Была известна в народе пословица «От сумы[1] да от тюрьмы не зарекайся[2]»...

Нищих ленивых, не желавших трудиться, было очень мало. Однако нищий-хитрец жил под вечной угрозой открытия секрета, поэтому он должен был ходить за милостыней далеко от родных мест. Ему надо было играть роль, а всё это не всегда по силам здоровому человеку.

Все остальные виды нищенства не вызывают в народе насмешки. В исключительных случаях просить милостыню не считалось стыдным. Например, после пожара тоже ходили и ездили по миру[3], и люди давали милостыню не только хлебом, но и одеждой, и посудой. Помогать арестантам и каторжникам также считалось нравственной обязанностью. Солдаты, служившие по двадцать лет, возвращались домой без средств, пешком шли по несколько месяцев и, конечно же, кормились именем Христа. Обворуют ли в дороге, пропил ли всё человек на чужой стороне, возвращается ли из дальнего путешествия — все кормились миром[4].

Не дать переночевать страннику[5] или нищему, не накормить проезжего всегда считалось грехом. Даже самые скупые хозяева должны были быть гостеприимными. Бывало, что и не очень скупая хозяйка готовила на праздник гостям и родным одно, а нищим другое. Это не вызывало насмешки, так как нищих ходило великое множество. Деревни же, где не

---

[1] Сума — сумка, мешок нищего.

[2] Зарекаться — дать зарок, обещание не делать чего-либо.

[3] Мир — белый свет, земля; крестьянская община в России; люди как общество (именно это значение, например, в названии романа Л. Толстого «Война и мир»).

[4] Кормиться миром — кормиться милостыней, подаянием от мира, общины.

[5] Странник — тот, кто идёт пешком на богомолье.

пуска́ли ночева́ть, по́льзовались худо́й[1] сла́вой, что нере́дко влия́ло да́же на жени́тьбу и заму́жество.

Кале́ки[2] и убо́гие[3] осо́бенно почита́лись в наро́де. Слепы́х переводи́ли от дере́вни к дере́вне, приводи́ли на ночле́г к свои́м знако́мым и́ли ро́дственникам. Ночева́ть бы́ло мо́жно одну́ ночь. Е́сли ни́щий ночева́л втору́ю ночь, то он уже́ иска́л себе́ де́ла (хотя́ бы ска́зки расска́зывать ли́бо петь были́ны). Не подвезти́ по пути́ хромо́го, безно́гого, горба́того и́ли слепо́го могли́ то́лько безбо́жники, не боя́щиеся греха́.

Почти́ в ка́ждой дере́вне име́лся свой дурачо́к ли́бо блаже́нный[4] — э́ти то́же корми́лись и одева́лись ми́ром.

Но осо́бенно жале́ли в наро́де кру́глых сиро́т, то есть дете́й, потеря́вших не то́лько отца́, но и мать.

Соверше́нно осо́бое ме́сто в наро́дном быту́ занима́ло цыга́нское ни́щенство. Цыга́н люби́ли на Се́вере. За что? Мо́жет быть, за национа́льное своеобра́зие, за стра́нный го́вор, за прекра́сные пе́сни. И за ту, ви́димо, беззабо́тность, кото́рую ру́сский крестья́нин (целико́м зави́сящий от приро́ды и со́бственного труда́) не мог себе́ позво́лить.

Мужчи́ны-цыга́не никогда́ не проси́ли ми́лостыню[5], то́лько ко́рма для ло́шади. Иску́сством же собира́ть ми́лостыню владе́ли цыга́нки. Ина́я же́нщина в отсу́тствии старика́ и́ли му́жа, очаро́ванная бы́строй ре́чью и бле́ском чёрных оче́й, отдава́ла снача́ла кусо́к хле́ба, пото́м це́лый пиро́г, зате́м высыпа́ла и чай из ча́йницы, пото́м шла в ход и смета́на, и са́хар. Опо́мнится то́лько тогда́, когда́ цыга́нки уже́ нет...

Нельзя́ забыва́ть, что в старину́ мно́гие лю́ди счита́ли бо́жьим наказа́нием не бе́дность, а бога́тство. Представле́ние о сча́стье свя́зывалось у них с нра́вственной чистото́й и душе́вной гармо́нией, кото́рым, по их мне́нию, не спосо́бствовало стремле́ние к бога́тству. Горди́лись не бога́тством, а умо́м и смека́лкой. Тех, кто горди́лся бога́тством, осо́бенно полу́ченным по насле́дству, крестья́не недолю́бливали.

---

[1] Худой — здесь: плохой (отсюда сравнительная степень от плохой — хуже); вообще худой человек, по представлениям русских крестьян, — это больной, нездоровый.

[2] Калека — инвалид, не имеющий какой-либо части тела или не владеющий ей.

[3] Убогий — имеющий какой-либо физический или психический недостаток.

[4] Блаженный — нищий, безумец, обладающий даром прорицания.

[5] Милостыня — то, что подают нищему.

◈

Белов Василий Иванович (1932–) автор романов, повестей, рассказов о современной сельской жизни, истории русской деревни, исследующих народный характер.

Вопросы и задания

1. Как вы понимаете пословицу: «От сумы да от тюрьмы не зарекайся»?

2. Кому на Руси подавали милостыню? Найдите в тексте слова и выражения, которые характеризуют эти разные виды нищенства.

3. Почему цыганское нищенство занимало особое место? Опишите это явление.

4. Как крестьяне представляли себе счастье? Каково традиционное представление о счастье в вашей стране? Подтвердите его примерами.

5. Как решалась проблема нищенства в традиционной культуре вашей страны? Является ли нищенство экономической проблемой или психологической?

М. Булгаков
Мастер и Маргарита
(отрывок из романа)

Весёлый ужин продолжался. Маргарите[1] никуда не хотелось уходить, хотя и было, по её расчётам, уже поздно. Судя по всему, время подходило к шести утра. Маргарита робко сказала:

— Пожалуй, мне пора... Поздно.

— Куда же вы спешите? — спросил Воланд вежливо, но суховато. Остальные промолчали.

— Да, пора, — повторила Маргарита. Она поднялась из-за стола.

— Благодарю вас, мессир[2], — чуть слышно сказала Маргарита и вопросительно поглядела на Воланда. Тот в ответ улыбнулся ей вежливо и равнодушно. Она почувствовала себя обманутой. Никакой награды за все её услуги на балу никто, по-видимому, ей не собирался предлагать, как никто её и не удерживал. А между тем ей совершенно ясно было, что идти ей отсюда больше некуда. Попросить, что ли, самой, как советовал Азазелло в Александровском саду? «Нет, ни за что», — сказала она себе.

— Всего хорошего, мессир, — произнесла она вслух, а сама подумала: «Только бы выбраться отсюда, а там уж я дойду до реки и утоплюсь».

— Сядьте-ка, — вдруг сказал Воланд. Маргарита изменилась в лице и села. — Может быть, что-нибудь хотите сказать на прощание?

— Нет, ничего, мессир, — с гордостью ответила Маргарита, — кроме того, что если я ещё нужна вам, то я готова охотно исполнить всё, что вам будет угодно. Я ничуть не устала и очень веселилась на балу.

Маргарита глядела на Воланда, и глаза её наполнялись слезами.

— Верно! Вы совершенно правы! — страшно прокричал Воланд, — так и надо! Никогда и ничего не просите! Никогда и ничего, и в особен-

---

[1] Маргарита — героиня романа — чувствует себя глубоко несчастной, потеряв любимого человека, Мастера. Дьявол (Воланд) предлагает ей стать хозяйкой на его балу. Маргарита решает, что лучше иметь дело с дьяволом, чем умереть от отчаяния. Она соглашается, втайне надеясь, что это даст ей шанс вернуть Мастера.

[2] Мессир — господин, обращение к знатному мужчине в Средние века.

ности у тех, кто сильнее вас. Сами предложат и сами всё дадут! Садитесь, гордая женщина!

— Итак, Марго, — продолжал Воланд, смягчая свой голос, — чего вы хотите за то, что сегодня вы были у меня хозяйкой? Говорите! И теперь уж говорите без стеснения: ибо[1] предложил я.

Сердце Маргариты застучало, она тяжело вздохнула, стала соображать что-то.

— Ну, что же, смелее! — поощрял Воланд, — будите свою фантазию! Ну-с?

Маргарита уж хотела выговорить приготовленные в душе слова, как вдруг побледнела. «Фрида! Фрида! Фрида! — прокричал ей в уши чей-то молящий голос. — Меня зовут Фрида!»

И Маргарита, спотыкаясь на словах, заговорила:

— Так я, стало быть, могу попросить об одной вещи?

— Потребовать, потребовать, моя донна, — отвечал Воланд, понимающе улыбаясь, — потребовать одной вещи!

Ах, как отчётливо Воланд подчеркнул, повторяя слова самой Маргариты, — «одной вещи»!

Маргарита вздохнула ещё раз и сказала:

— Я хочу, чтобы Фриде перестали подавать тот платок, которым она удушила своего ребёнка.

— Ввиду того, — заговорил Воланд, — что возможность получения вами взятки[2] от этой дуры Фриды совершенно, конечно, исключена — я уж не знаю, что и делать. Остаётся, пожалуй, одно — заткнуть все щели моей спальни!

— Вы о чём говорите, мессир? — изумилась Маргарита, выслушав эти действительно непонятные слова.

— Я о милосердии говорю, — объяснил свои слова Воланд. — Иногда совершенно неожиданно оно пролезает в самые узенькие щёлки. Вы, судя по всему, человек исключительной доброты? Высокоморальный человек?

---

[1] Ибо (устар. и книжн.) — потому что, так как.

[2] Взятка — деньги или вещи, даваемые должностному лицу за какие-то действия в интересах дающего.

— Нет, — с силой ответила Маргарита, — я знаю, что с вами можно разговаривать только откровенно, и откровенно вам скажу: я легкомысленный человек. Я попросила вас за Фриду только потому, что неосторожно подала ей твёрдую надежду. Она ждёт, мессир, она верит. И если она останется обманутой, я не буду иметь покоя всю жизнь. Ничего не поделаешь! Так уж вышло.

— А, — сказал Воланд, — это понятно.

— Так вы сделаете это? — тихо спросила Маргарита.

— Ни в коем случае, — ответил Воланд, — я этого делать не буду, а вы сделайте сами.

— А разве по-моему исполнится?

— Да делайте же, вот мучение, — пробормотал Воланд.

— Фрида! — пронзительно крикнула Маргарита.

Дверь распахнулась, и растрёпанная, нагая женщина вбежала в комнату и простёрла руки к Маргарите, а та сказала величественно:

— Тебя прощают. Не будут больше подавать платок.

Фрида упала на пол и простёрлась[1] крестом перед Маргаритой. Воланд махнул рукой, и Фрида пропала из глаз.

— Благодарю вас, прощайте, — сказала Маргарита и поднялась.

— Ну что ж, — заговорил Воланд, — не будем наживаться на поступке непрактичного человека в праздничную ночь. Итак, это не в счёт, я ведь ничего не делал. Что вы хотите для себя?

Наступило молчание.

— Я хочу, чтобы мне сейчас же, сию секунду, вернули моего любовника, Мастера, — сказала Маргарита, и лицо её исказилось судорогой.

Булгаков Михаил Афанасьевич (1891–1940) — автор романов о белогвардейском движении, о Мольере, сатирических острогротескных рассказов и повестей о России 30-х годов, драматург. Мастерски выразил трагический конфликт между художником-гуманистом и деспотическим строем.

---

[1] Простереться — протянуться, раскинуться.

Вопросы и задания

1. Что вы можете сказать о характере Маргариты? Почему свой единственный шанс вернуть Мастера она меняет на прощение для Фриды?

2. Как вы понимаете слова Воланда: «Никогда и ничего не просите... и в особенности у тех, кто сильнее вас»? Согласны ли вы с ним?

3. Каким вы представляете себе Воланда? Маргариту? Бал у Воланда?

4. В каких известных вам произведениях искусства рассказывается о встречах человека с дьяволом? Сравните их с данным фрагментом.

5. Какие литературные прототипы — символы женской любви и жертвенности — есть у Маргариты?

А. Тарковский
О киноискусстве

Иску́сство несёт в себе́ тоску́ по идеа́лу. Оно́ должно́ поселя́ть в челове́ке наде́жду и ве́ру. Да́же е́сли мир, о кото́ром расска́зывает худо́жник, не оставля́ет ме́ста для упова́ний[1].

Что каса́ется сцена́рия «Ста́лкер», над кото́рым я сейча́с рабо́таю, то как раз он и даст мне наибо́льшую возмо́жность вы́разить не́что ва́жное, мо́жет быть, са́мое гла́вное для меня́.

Мы расска́жем в фи́льме об одно́й незако́нной экспеди́ции, возгла́вленной Ста́лкером и состоя́щей всего́ из двух челове́к — Профе́ссора и Писа́теля. Всё их путеше́ствие займёт лишь оди́н день, и, кро́ме Зо́ны, в нача́ле и в конце́ фи́льма зри́телю бу́дет предло́жено ещё то́лько два ме́ста де́йствия: ко́мната Ста́лкера, отку́да он у́тром уйдёт в опа́сное путеше́ствие, поссо́рившись с жено́й, не жела́вшей, что́бы муж рискова́л собо́й, и кафе́, куда́ возвраща́ются путеше́ственники в конце́ фи́льма и где их нахо́дит жена́ Ста́лкера. Так что в пе́рвой и после́дних сце́нах возни́кнет ещё оди́н, четвёртый персона́ж фи́льма.

Я выбра́сываю из сцена́рия всё, что мо́жно вы́бросить, и до ми́нимума свожу́ вне́шние эффекты́. Мне не хо́чется развлека́ть и́ли удивля́ть зри́теля неожи́данными сме́нами ме́ста де́йствия, геогра́фией происходя́щего, сюже́тной интри́гой. Фильм до́лжен быть просты́м, о́чень скро́мным по свое́й констру́кции. Мне в мое́й но́вой карти́не, повторя́ю, хо́чется сосредото́читься на гла́вном, тогда́-то и возни́кнет атмосфе́ра бо́лее акти́вная и эмоциона́льно зарази́тельная, чем э́то бы́ло до сих пор в мои́х фи́льмах.

Какова́ же гла́вная те́ма, кото́рая должна́ отчётливо прозвуча́ть в фи́льме? Это те́ма досто́инства челове́ка и те́ма челове́ка, страда́ющего от отсу́тствия со́бственного досто́инства. Де́ло в том, что когда́ на́ши геро́и отправля́ются в своё путеше́ствие, то они́ намерева́ются добра́ться до того́ ме́ста, где исполня́ются сокрове́нные[2] жела́ния. А пока́ они́ иду́т, они́ вспомина́ют исто́рию то ли реа́льного челове́ка по про́звищу Дикобра́з,

---

[1] Упование (устар.) — твёрдая надежда.

[2] Сокровенный — тайный, скрытый.

то ли легéнду о нём, вспоминáют о том, как он шёл к завéтному[1] мéсту, чтóбы попросúть здорóвья своемý сы́ну. И дошёл до негó. А когдá вернýлся обрáтно, то обнарýжил, что сын егó по-прéжнему бóлен, затó сам он стал несмéтно[2] богáт. Зóна реализóвала егó настоя́щее существó, действúтельное желáние. И Дикобрáз повéсился.

В концé концóв нáши герóи достигáют цéли. Но онú доходя́т до э́того мéста, так мнóго пережúв и переосмы́слив в себé, что не решáются к немý приблúзиться. Онú поднялúсь до осознáния той мы́сли, что нрáвственность их, скорéе всегó, несовершéнна. И ещё не нахóдят в себé духóвных сил, чтóбы до концá повéрить в самúх себя́.

Так идёт до послéдней сцéны, когдá в кафé, где онú отдыхáют пóсле путешéствия, появля́ется жéна Стáлкера, устáлая, мнóго пережúвшая жéнщина. Её прихóд стáвит герóев фúльма перед чéм-то нóвым, необъяснúмым и удивúтельным. Им трýдно поня́ть причúны, по котóрым э́та жéнщина, бесконéчно мнóго терпéвшая от мýжа, родúвшая от негó больнóго ребёнка, продолжáет любúть егó с той же беззавéтностью[3], с какóй онá полюбúла егó в дни своéй ю́ности. Её любóвь, её прéданность — э́то и есть то чýдо, котóрое мóжно противопостáвить невéрию, опустошённости, цинúзму, то есть всемý томý, чем жúли до сих пор герóи фúльма.

В «Стáлкере» всё должнó быть договоренó до концá: человéческая любóвь и есть то чýдо, котóрое спосóбно противостоя́ть любóму сухóму теоретизúрованию о безнадёжности мúра. Это чýвство — нáша óбщая и несомнéнная позитúвная цéнность. Это то, на что опирáется человéк, то, что емý данó навсегдá.

В фúльме Писáтель произнóсит длúнную тирáду о том, как скýчно жить в мúре закономéрностей, где дáже случáйность — результáт закономéрности, покá ещё скры́той от нáшего понимáния. Писáтель, мóжет быть, для тогó и отправля́ется в Зóну, чтóбы чемý-то удивúться, перед чéм-то áхнуть[4]... Однáко по-настоя́щему удивúться егó заставля́ет

---

[1] Завéтный — особенно ценимый, хранимый в тайне.

[2] Несметно — неисчислимо.

[3] Беззаветно — без всяких условий.

[4] Ахнуть — воскрикнуть «ах!», выражая какое-либо чувство: удивление, восторг, печаль.

проста́я же́нщина, её ве́рность, си́ла её челове́ческого досто́инства. Так всё ли поддаётся ло́гике, всё ли мо́жно расчлени́ть на составны́е элеме́нты и вы́числить?

Мне ва́жно установи́ть в э́том фи́льме то специфи́чески челове́ческое, нераствори́мое, неразложи́мое, что кристаллизу́ется в душе́ ка́ждого и составля́ет его́ це́нность. Ведь при всём том, что вне́шне геро́и, каза́лось бы, те́рпят фиа́ско, на са́мом де́ле ка́ждый из них обрета́ет не́что неоцени́мо бо́лее ва́жное: ве́ру, ощуще́ние в себе́ са́мого гла́вного.

В «Ста́лкере» фантасти́ческой мо́жно назва́ть лишь исхо́дную ситуа́цию. Э́та ситуа́ция удо́бна нам потому́, что помога́ет наибо́лее рельéфно обозна́чить основно́й нра́вственный конфли́кт, волну́ющий нас в фи́льме. Всё должно́ происходи́ть так, как бу́дто бы Зо́на уже́ существу́ет где́-то ря́дом с на́ми. Ведь Зо́на — э́то не террито́рия, э́то та прове́рка, в результа́те кото́рой челове́к мо́жет ли́бо вы́стоять, ли́бо слома́ться. Вы́стоит ли челове́к — зави́сит от его́ чу́вства со́бственного досто́инства, его́ спосо́бности различа́ть гла́вное и преходя́щее[1].

Тарковский Андрей Арсеньевич (1932—1986) — великий кинорежиссёр, создатель метафорического киноязыка, передающего духовность мира, трансцендентность, ощущение бесконечности. Его фильмы утверждают идею самоценности человеческой личности, веру в добро, побеждающее и в истории, и в душе человека, и в искусстве.

Вопросы и задания

1. Какова, по мнению автора, задача искусства?

2. Почему автор делает фильм очень простым и как это выражено?

3. Какова главная тема фильма и как она раскрыта в сюжете?

4. Для чего автор берёт фантастический сюжет?

5. Фильм «Сталкер» был снят в 1980 году и получил премии на международных фестивалях в Триесте (1981) и Мадриде (1981). Почему этот фильм так важен для нашего времени?

---

[1] Преходящий — такой, который быстро проходит, временный.

А. и Б. Стругацкие
Пикник на обочине[1]
(отрывок из повести)

На рассвете стало совсем холодно. По сторонам дороги лежал густой туман. Вокруг ничего не было видно из-за тумана, но Рэдрик знал, что в обе стороны тянется равнина, а за равниной — горы. Артур шагал впереди легко и весело.

— Стой! — сказал Рэдрик. — Всё. Садись, где стоишь. Перекур.

Артур помог ему снять рюкзак, а потом они сели рядышком, достали еду и кофе. Кофе был горячий, сладкий, пить его было приятно.

— Мистер Шухарт, — сказал вдруг Артур, глядя в сторону. — А вы серьёзно верите, что эта штука[2] исполняет желания?

— Чепуха! А ты откуда знаешь, за какой такой штукой мы идём?

— Да вот догадался, — засмеялся Артур.

Рэдрик всё смотрел на него и думал, до чего он не похож на своего отца: ни лицом, ни голосом, ни душой.

— Ну хорошо. А предположим, например, что эта штука действительно... Что бы ты тогда пожелал?

— Значит, вы всё-таки верите? — быстро спросил Артур.

— Это неважно — верю я там или не верю. Ты мне на вопрос ответь.

Ему вдруг на самом деле стало интересно узнать, что может попросить у Золотого шара такой вот парень, вчерашний школьник.

— Ну, конечно, ноги отцу... — проговорил Артур наконец. — Чтобы дома было всё хорошо... Счастье для всех, даром, и пусть никто не уйдёт обиженный.

---

[1] «Пикник на обочине» — повесть, по мотивам которой был снят фильм А. Тарковского «Сталкер». В повести рассказывается, как в результате визита инопланетян на земле появились аномальные зоны. Проводниками в эти зоны стали сталкеры. Опытный сталкер Рэдрик Шухарт идёт в зону с сыном бывшего сталкера Артуром к Золотому шару, который слышит и исполняет тайные человеческие желания.

[2] Штука (разг.) — вообще вещь, предмет, дело, явление.

— Врёшь, врёшь... — добродушно сказал Рэдрик. — Ты, браток, учти: Золотой шар только сокровенные[1] желания выполняет, только такие, что если не исполнятся, то хоть умирай!

Артур покраснел.

— Всё понятно, — усмехнулся Рэдрик. — Ладно, это не моё дело. Пошли.

Они шли, и в голове у Рэдрика появлялись разные мысли. Ну вот и всё, думал он нехотя. Дорога открыта. Ну ладно, дочка, отец. Не то это, не то. То есть то, конечно, но что всё это значит? Господи, да где же слова-то, мысли мои где? Человек рождён, чтобы мыслить. Только ведь я в это не верю. И раньше не верил, и сейчас не верю, и для чего человек рождён — не знаю. Родился — вот и рождён. Кормятся кто как может. Пусть мы все будем здоровы, а они пусть все подохнут[2]. Кто это — мы? Кто — они? Ничего же не понять. Мне хорошо — ему плохо, ему хорошо — тебе плохо, тебе хорошо — всем плохо...

Рэдрику было жарко, он больше не пытался думать. Он только всё повторял про себя, как молитву: «Я животное, ты же видишь, я животное. У меня нет слов, меня не научили словам, я не умею думать. Но если ты на самом деле такой... всесильный, загляни в мою душу. Там есть всё, что тебе надо. Должно быть. Душу-то я никогда и никому не продавал. Она моя, человеческая! Будь всё проклято, ведь я ничего не могу придумать, кроме этих его слов, — «СЧАСТЬЕ ДЛЯ ВСЕХ, ДАРОМ, И ПУСТЬ НИКТО НЕ УЙДЁТ ОБИЖЕННЫЙ!»

Стругацкие Аркадий Николаевич (1925–1991) и Борис Николаевич (1933–) — известные писатели-фантасты. Для их произведений характерна постановка социально-философских и этических проблем, таких как ответственность личности перед историей, цели и средства прогресса.

---

[1] Сокровенный — тайный, скрытый.

[2] Подохнуть (груб.) — умереть.

Вопросы и задания

1. Где находятся герои рассказа и куда они идут?

2. Для чего героям нужен Золотой шар?

3. О чём хочет попросить Артур и почему Рэдрик ему не верит?

4. О чём думает по дороге Рэдрик?

5. Сюжеты каких сказок или литературных произведений напоминает вам прочитанный фрагмент?

6. Если бы вы оказались у Золотого шара, о чём бы вы его сейчас попросили?

А. Тарковский
Последнее интервью

Ка́ждый худо́жник во вре́мя своего́ пребыва́ния на земле́ нахо́дит и оставля́ет по́сле себя́ каку́ю-то части́цу пра́вды о цивилиза́ции, о челове́честве. Сама́ иде́я иска́ния, по́иска для худо́жника оскорби́тельна. Она́ похо́жа на сбор грибо́в в лесу́. Их, мо́жет быть, нахо́дят, а мо́жет быть, нет. На мой взгляд, худо́жник поступа́ет во́все не как иска́тель, он нико́им о́бразом не де́йствует эмпири́чески («попро́бую сде́лать э́то, попыта́юсь то»). Худо́жник свиде́тельствует об и́стине, о свое́й пра́вде ми́ра. Худо́жник до́лжен быть уве́рен, что он и его́ тво́рчество соотве́тствуют пра́вде. Я отверга́ю иде́ю экспериме́нта в сфе́ре иску́сства. Любо́й по́иск в э́той о́бласти, всё, что помпе́зно имену́ют «аванга́рдом», — про́сто ложь.

Никто́ не зна́ет, что тако́е красота́. Мысль, кото́рую лю́ди выраба́тывают у себя́ о красоте́, сама́ иде́я красоты́ изменя́ются в хо́де исто́рии. И э́то заставля́ет меня́ ду́мать, что на са́мом де́ле красота́ есть си́мвол чего́-то друго́го. Но чего́ и́менно? Красота́ — си́мвол пра́вды. Красота́ (разуме́ется, относи́тельная!) в ра́зные эпо́хи свиде́тельствует об у́ровне созна́ния, кото́рое лю́ди да́нной эпо́хи име́ют о пра́вде. Бы́ло вре́мя, когда́ э́та пра́вда выража́лась в о́бразе Вене́ры Мило́сской. И само́ собо́й разуме́ется, что по́лное собра́ние же́нских портре́тов, ска́жем, Пикассо́, стро́го говоря́, не име́ет ни мале́йшего отноше́ния к и́стине. Пикассо́, вме́сто того́ что́бы прославля́ть красоту́, де́йствовал как её разруши́тель. И́стина, вы́раженная красото́й, зага́дочна, она́ не мо́жет быть ни расшифро́вана, ни объяснена́ слова́ми. Но когда́ ли́чность ока́зывается ря́дом с э́той красото́й, она́ ощуща́ет её прису́тствие, хотя́ бы по мура́шкам[1], кото́рые пробега́ют по спине́. Красота́ — сло́вно чу́до, свиде́телем кото́рого нево́льно стано́вится челове́к. В э́том всё де́ло.

Мне ка́жется, что челове́ческое существо́ со́здано для того́, чтобы твори́ть на пути́ к и́стине. Э́то его́ спо́соб существова́ть, и вопро́с о тво́рчестве («Для кого́ лю́ди творя́т? Почему́ они́ творя́т?») суть[2] вопро́с безотве́т-

---

[1] Мурашки бегают по спине — об ощущении покалывания, озноба, дрожи.

[2] Суть — есть (устаревшая форма 3-го лица множественного числа глагола *быть*).

ный. В некотором роде творчество есть выражение духовного существа в человеке в противоположность существу физическому, творчество есть как бы доказательство существования этого духовного существа. Если убрать из человеческих занятий всё относящееся к извлечению прибыли, останется лишь искусство.

Было время, когда я мог назвать людей, влиявших на меня, бывших моими учителями. Но теперь в моём сознании сохраняются лишь «персонажи», наполовину святые, наполовину безумцы. Эти «персонажи», может быть, слегка одержимы, но не дьяволом; это, как бы сказать, «божьи безумцы». Среди живущих я назову Робера Брессона[1]. Среди усопших — Льва Толстого, Баха, Леонардо да Винчи... В конце концов, все они были безумцами. Потому что они абсолютно ничего не искали в своей голове. Они творили не при помощи головы... Они и пугают меня, и вдохновляют. Абсолютно невозможно объяснить их творчество. Тысячи страниц написаны о Бахе, Леонардо и Толстом, но в итоге никто не смог ничего объяснить. Никто, слава богу, не смог найти, коснуться истины, затронуть сущность их творчества! Это лишний раз доказывает, что чудо необъяснимо...

В высшем смысле этого понятия — свобода, особенно в художественном смысле, в смысле творчества, не существует. Да, идея свободы существует, это реальность в социальной и политической жизни. В разных регионах, разных странах люди живут, имея больше или меньше свободы; но вам известны свидетельства, которые доказывают, что в самых чудовищных условиях были люди, обладающие неслыханной внутренней свободой, внутренним миром, величием. Мне кажется, что свобода не существует в качестве выбора: свобода — это душевное состояние. Например, можно социально, политически быть совершенно «свободным» и тем не менее гибнуть от чувства бренности[2], чувства замкнутости, чувства отсутствия будущего.

---

[1] Брессон Робер (1901–1999) — французский кинорежиссёр, фильмы: «Мушет», «Кроткая», «Четыре ночи одного мечтателя», «Вероятно, дьявол», «Дневник сельского священника».

[2] Бренность — способность разрушаться и умирать.

Что же касается свободы творчества, то о ней вообще нельзя спорить. Ни одно искусство без неё не может существовать. Но, к сожалению, в XX веке господствующей является тенденция, при которой художник-индивидуалист, вместо того чтобы стремиться к созданию произведения искусства, использует его для выпячивания[1] собственного «я». Произведение искусства становится выразителем «я» его создателя и превращается, как бы сказать, в рупор его мелких претензий. Подлинный художник, а более того — гений являются рабами дара, которым они наделены. Они обязаны этим даром людям, питать которых духовно и служить им были избраны. Вот в чём для меня заключается свобода.

Вопросы и задания

1. В каком смысле А. Тарковский отвергает идею эксперимента в искусстве?

2. Что режиссёр думает о красоте?

3. Для чего, по мнению автора, живёт человек?

4. Кого можно назвать учителями А. Тарковского? Что общего между всеми ними?

5. Что такое свобода для Тарковского? Согласны ли вы с ним?

---

[1] Выпячивание — выдвижение на первое место, выделение.

Саша Соколов
Школа для дураков
(отрывок из романа)

Три лета подряд

Её отéц и я — мы рабóтали в однóм теáтре. Её отéц был актёр, а я рабóтал рабóчим сцéны. Однáжды пóсле спектáкля он повёз меня́ к себé домóй, угости́л заграни́чным винóм и познакóмил с ней. Они́ жи́ли вдвоём на вторóм этажé жёлтого двухэтáжного барáка. Из окнá их кóмнаты мóжно бы́ло уви́деть другóй такóй же барáк и мáленькое клáдбище с цéрковью посреди́не. Я забы́л, как звáли дóчку актёра. Но дáже éсли бы я пóмнил сейчáс её и́мя, то не стал бы называ́ть: какóе вам дéло. Так вот, онá жилá в жёлтом барáке на окрáине гóрода и былá дóчерью актёра. Óчень мóжет быть, что вам нет до неё никакóго дéла. Но тогдá вы мóжете не слýшать. Никтó никогó не заставля́ет. А éсли говори́ть серьёзно, то вы мóжете вообщé ничегó не дéлать — и я не скажý вам ни слóва. Тóлько не старáйтесь узнáть её и́мя, а то я вообщé не бýду расскáзывать.

Мы встречáлись три гóда: три зимы́ и три лéта подря́д. Онá чáсто приезжáла в теáтр и проси́живала цéлые спектáкли в полупустóм зáле. Я смотрéл на неё, стóя за дыря́вой кули́сой — моя́ дéвушка сидéла всегдá в трéтьем рядý. Её отéц игрáл мáленькие эпизоди́ческие рóли и появля́лся не бóльше трёх раз за всё представлéние. Я знал, что онá мечтáет, чтóбы отéц хоть раз получи́л большýю роль. Но я догáдывался, что он не полýчит хорóшей рóли. Потомý что éсли актёр за двáдцать лет не получи́л стóящей рóли, он никогдá её не полýчит. Но я не говори́л ей об э́том.

Я не говори́л ей об э́том ни тогдá, когдá мы гуля́ли по óчень вечéрним и óчень зи́мним ýлицам гóрода пóсле спектáклей и бéгали за скрипя́щими на поворóтах трамвáями, чтóбы согрéться; ни тогдá, когдá мы в дождли́вые дни ходи́ли в планетáрий и целовáлись в пустóм тёмном зáле под искýсственным звёздным нéбом. Я не говори́л ей об э́том ни в пéрвое лéто, ни во вторóе, ни в трéтье, когдá её отéц уéхал на гастрóли, и мы торопли́выми ночáми броди́ли на мáленьком клáдбище вокрýг цéркви, где росли́ сирéнь, бузинá и вéрба. Я не говори́л ей об э́том.

И ещё я не говорил ей о том, что она некрасива и что я, наверное, когда-нибудь не буду гулять с ней. И ещё я не говорил ей о других девушках, с которыми я встречался раньше или в другие дни того же времени. Я только говорил, что люблю её — и любил. А может вы думаете, что можно любить только красивых девушек, или думаете, когда любишь одну, то нельзя гулять с другими? Так ведь я уже сказал вам — вы можете вообще ничего не делать в своей жизни, в том числе не гулять ни с одной девушкой на свете — и я не скажу вам ни слова. Но не в этом дело. Речь идёт не о вас, а о ней. Это ей я говорил, что люблю её.

И сейчас, если я когда-нибудь встречу её, мы пойдём с ней в планетарий или на заросшее бузиной кладбище и там, как и много лет назад, я снова скажу ей об этом. Не верите?

Соколов Саша (1943—) — современный писатель, автор повестей и рассказов; один из ярких представителей постмодернизма в русской литературе 90-х годов, лауреат ряда престижных российских и зарубежных премий в области литературы.

Вопросы и задания

1. Как герой познакомился с дочерью актёра?

2. Почему отец девушки, скорее всего, никогда не получит стоящей роли? Согласны ли вы с аргументом автора?

3. Автор говорит, что любил дочь актёра. Докажите или опровергните его слова.

4. Согласны ли вы с утверждением, что, когда любишь одну девушку, можно в то же время встречаться и с другими?

И. Ильф, Е. Петров
Золотой телёнок
(отрывок из романа)

Пешехо́дов на́до люби́ть!

Пешехо́ды составля́ют бо́льшую часть челове́чества. Ма́ло того́ — лу́чшую его́ часть. Пешехо́ды со́здали мир.

Э́то они́ постро́или города́, возвели́ многоэта́жные зда́ния, провели́ канализа́цию и водопрово́д, замости́ли у́лицы и освети́ли их электри́ческими ла́мпами. Э́то они́ распространи́ли культу́ру по всему́ све́ту, изобрели́ книгопеча́тание, вы́думали по́рох, перебро́сили мосты́ через ре́ки, расшифрова́ли еги́петские иеро́глифы, ввели́ в употребле́ние безопа́сную бри́тву, уничто́жили торго́влю раба́ми и установи́ли, что из бобо́в со́и мо́жно изгото́вить сто четы́рнадцать вку́сных пита́тельных блюд. И когда́ всё бы́ло гото́во, когда́ родна́я плане́та приняла́ сравни́тельно благоустро́енный вид, появи́лись автомобили́сты.

На́до заме́тить, что автомоби́ль тоже был изобретён пешехо́дами. Но автомобили́сты об э́том как-то сра́зу забы́ли. Кро́тких и у́мных пешехо́дов ста́ли дави́ть. У́лицы, со́зданные пешехо́дами, перешли́ во власть автомобили́стов. Мостовы́е ста́ли вдво́е ши́ре, тротуа́ры су́зились до разме́ра таба́чной бандеро́ли. И пешехо́ды ста́ли испу́ганно жа́ться к сте́нам домо́в.

В большо́м го́роде пешехо́ды веду́т му́ченическую[1] жизнь. Для них ввели́ не́кое тра́нспортное ге́тто. Им разреша́ют переходи́ть у́лицы то́лько на перекрёстках, то есть и́менно в тех места́х, где движе́ние сильне́е всего́ и где волосо́к, на кото́ром обы́чно виси́т жизнь пешехо́да, ле́гче всего́ оборва́ть.

В на́шей обши́рной стране́ обыкнове́нный автомоби́ль, предназна́ченный, по мы́сли пешехо́дов, для ми́рной перево́зки люде́й и гру́зов, при́нял гро́зные очерта́ния братоуби́йственного снаря́да. Он выво́дит из стро́я це́лые шере́нги чле́нов профсою́зов и их семе́й. Е́сли пешехо́ду ино́й

---

[1] Мученическая — с тяжелыми испытаниями, страдальческая.

раз удаётся вы́порхнуть[1] из-под сере́бряного но́са маши́ны — его́ штрафу́ет мили́ция за наруше́ние пра́вил у́личного катехи́зиса[2].

И вообще́ авторите́т пешехо́дов си́льно пошатну́лся. Они́, да́вшие ми́ру таки́х замеча́тельных люде́й, как Гора́ций, Бойль, Марио́тт, Лобаче́вский, Гутенбе́рг и Анато́ль Франс, принужде́ны́ тепе́рь кривля́ться са́мым по́шлым о́бразом, что́бы то́лько напо́мнить о своём существова́нии. Бо́же, бо́же, до чего́ ты довёл пешехо́да!

Ильф Илья Арнольдович (1897—1937) и Петров Евгений Петрович (1903—1942) — писатели-сатирики, авторы двух романов об авантюрах «великого комбинатора» Остапа Бендера, рисующих широкую картину городского быта конца 20-х — начала 30-х годов.

Вопросы и задания

1. Как образовано слово «пешеход»? Назовите однокоренные слова.

2. Почему автор считает, что пешеходы создали мир?

3. Что изменилось в жизни пешехода после появления автомобиля?

4. На чьей стороне автор? Расскажите эту историю так, как если бы вы были на стороне автомобилистов.

5. Опишите, каким вы видите мир до и после появления автомобиля. Как вы представляете себе будущее этого вида транспорта?

---

[1] Выпорхнуть — легко и быстро вылететь.

[2] Катехизис — краткое изложение основ христианского учения; здесь: свод, сборник правил дорожного движения.

К. Мелихан
И я там был
(Иронические заметки русского путешественника)

1

О том, что е́ду в Да́нию, мне сообщи́ли за три дня до отъе́зда. Я по́нял, что пришло́ вре́мя начина́ть учи́ться англи́йскому языку́, и позвони́л своему́ знако́мому профе́ссору:

— Мо́жно ли изучи́ть англи́йский за три дня?

— Мо́жно, — сказа́л профе́ссор. — Но для э́того на́до снача́ла изучи́ть гре́ческий, лати́нский, италья́нский, испа́нский, португа́льский, неме́цкий и францу́зский.

Поско́льку вре́мени у меня́ бы́ло ма́ло, я успе́л вы́учить то́лько одну́ фра́зу: «Я говорю́ по-англи́йски». Да и то — по-ру́сски.

Что каса́ется други́х языко́в, то я дово́льно свобо́дно говори́л по-францу́зски. Хотя́ и не понима́л, что говорю́.

Вообще́, изуче́ние языко́в мне дава́лось[1] всегда́ легко́, осо́бенно на ра́нней ста́дии, благодаря́ не́которым закономе́рностям, кото́рые я заме́тил в произноше́нии. Я заме́тил, что ка́ждый язы́к что́-то напомина́ет:

Англи́йский — жева́тельную рези́нку.

Испа́нский — дуэ́ль на рапи́рах[2].

Францу́зский — полоска́ние го́рла. И но́са.

Неме́цкий — марширу́ющих солда́т.

По́льский — жа́рящуюся карто́шку.

Ара́бский — ка́шель.

Кита́йский — мя́уканье.

Япо́нский — сюсю́канье[3] с ребёнком.

---

[1] Дава́ться — являться легким для изучения, понимания и т. п.

[2] Рапира — вид колющего оружия с длинным клинком, в наше время используется только в фехтовании.

[3] Сюсюкать (с ребёнком) — разговаривать с маленьким ребёнком, адаптируя свою речь, имитируя детский язык, манеру разговора.

А ру́сский — не напомина́ет ничего́. Свой язы́к — как во́здух: не замеча́ешь, како́й он, потому́ что то́лько им и ды́шишь.

В Да́нии с ва́ми говоря́т на том языке́, на како́м вам удобней. Ка́ждый датча́нин зна́ет не́сколько языко́в: англи́йский, неме́цкий, да́тский — обяза́тельно. Не́которые зна́ют францу́зский. Плюс для разнообра́зия — оди́н из скандина́вских. Ну и для развлече́ния — како́й-нибудь экзоти́ческий: например — ру́сский.

— Вы говори́те по-неме́цки? — спра́шивают они́ меня́ по-неме́цки.

— Чего́? — отвеча́ю я.

— По-неме́цки говори́те? — спра́шивают они́ по-англи́йски.

— Ась[1]?

— По-неме́цки могёшь[2]? — спра́шивают они́ уже́ по-ру́сски.

— А, по-неме́цки! — восклица́ю я на ло́маном[3] ру́сском. — Я, я[4]!

Я учи́л неме́цкий в шко́ле но́мер пятьсо́т пятна́дцать и могу́ говори́ть по-неме́цки с любы́м, кто учи́л его́ в той же шко́ле.

***

За грани́цу я пое́хал не для того́, что́бы лу́чше узна́ть их, а для того́, что́бы лу́чше узна́ть нас.

На фи́нской грани́це в ваго́н по́езда вхо́дит слу́жащий: «Валю́та, порногра́фия, нарко́тики, во́дка?..»

«Нет, ча́шечку ко́фе, пожа́луйста», — шу́тит сидя́щая ря́дом со мной да́ма.

По́сле прове́рки мы вздохну́ли и дви́нулись да́льше. Пейза́ж за о́кнами не измени́лся. Измени́лось то́лько его́ назва́ние.

Прогляде́ли Финля́ндию.

Проспа́ли Шве́цию.

Просну́лись в Да́нии.

---

[1] Ась? (прост.) — А? Что?

[2] Могёшь (прост.) — можешь.

[3] Ломаный (язык) — неправильный.

[4] Я, я (нем.) — ja, да.

Вопросы и задания

1. В какую ситуацию попал автор со своим знанием иностранных языков, когда приехал в Данию. Почему?

2. Можно ли изучить иностранный язык за три дня?

3. Согласны ли вы, что изучение языков всегда давалось автору легко? Какие ассоциации у вас с различными иностранными языками?

4. Объясните ситуацию, в которую попал автор на границе.

5. Почему датчане хорошо знают иностранные языки?

6. Согласны ли вы с мнением автора, что поехать за границу нужно, чтобы лучше узнать свой народ? Объясните свою точку зрения.

2

Я говори́л: пробле́мы есть не то́лько у нас, но и у них. Наприме́р, как прода́ть?

У них есть с чем сра́внивать. На да́тских прила́вках — всё лу́чшее, что произво́дится в ми́ре.

Мой гид Хе́лен говори́т:

— У испа́нков лу́чше вино́.

— У испа́нцев, — поправля́ю я.

Что датча́не де́лают ху́же россия́н, так э́то говоря́т по-ру́сски.

— Мужчи́на, — объясня́ю я, — испа́нец. А же́нщина — испа́нка. Испа́нцы и испа́нки. Датча́не и датча́нки. Францу́зы и францу́женки. Ру́сские и ру́сские.

— У вас что, нет разделе́ния на мужчи́н и же́нщин?

— Есть, но оно́ не броса́ется сра́зу в глаза́[1].

У нас определи́ть, мужчи́на ты и́ли же́нщина, ле́гче но́чью, чем днём. А днём мо́жно определи́ть то́лько по си́ле. У же́нщин су́мки тяжеле́й.

Мно́гие у нас тре́буют отмени́ть ко́нкурсы красоты́. Стесня́ются смотре́ть на обнажённую же́нщину в купа́льнике. Привы́кли ви́деть

---

[1] Броса́ться в глаза — быть особенно заметным; привлекать к себе чьё-либо внимание.

же́нщину в ва́тнике и ки́рзовых сапога́х, с лопа́той и ло́мом[1].

Же́нщины у нас кра́сятся почти́ все. Ста́рые — что́бы быть моло́же. Молоды́е — что́бы быть ста́рше.

У нас накра́шенная же́нщина — э́то краса́вица. А у них накра́шенная же́нщина — э́то кло́ун.

У датча́н други́е поня́тия о красоте́. Красота́ — э́то здоро́вье. Поэ́тому всё напра́влено на то, что́бы челове́к был здоро́вым. Всё, что де́лает челове́ка здорове́й, о́чень дёшево. Фру́кты, о́вощи, лека́рства, спорт — на дота́ции госуда́рства.

У нас всё э́то доро́же. Поэ́тому, наве́рно, и живём ме́ньше. По продолжи́тельности жи́зни мы опережа́ем то́лько А́фрику. И то́лько центра́льную. А Евро́пу мы опережа́ем то́лько по продолжи́тельности жи́зни ку́рицы. То́лько у нас ку́рица умира́ет свое́й сме́ртью. А су́дя[2] по мускулату́ре её ног, она́ хо́дит помира́ть из дере́вни в го́род пешко́м.

Да́тская же́нщина не но́сит пла́тье. Же́нщина в пла́тье, в пальто́, на высо́ком каблуке́ — не делова́я же́нщина. В пла́тье, в пальто́, в ту́флях тру́дно де́лать широ́кий шаг, неудо́бно е́хать на велосипе́де. Поэ́тому да́тская же́нщина — в брю́ках, в шо́ртах, в ку́ртках, в кроссо́вках.

Су́мок в рука́х то́же нет. Носи́ть су́мки — сли́шком уны́лая фу́нкция для да́тской руки́. Поэ́тому су́мка виси́т на плече́. И́ли за спино́й — су́мка-рюкза́к.

***

На́ше гла́вное бога́тство — э́то на́ши ресу́рсы: лес, вода́, у́голь, нефть, же́нщины.

На́ша же́нщина — то же горю́чее[3]: выполня́ет са́мую тяжёлую рабо́ту, загора́ется от одного́ неосторо́жного движе́ния мужчи́ны и о́чень высоко́ це́нится на За́паде.

---

[1] Ватник — стёганая ватная куртка или безрукавка; кирзовые сапоги — грубые сапоги из плотной ткани, употребляемой как заменитель кожи; лом — металлическая палка, которой разбивают, ломают что-либо твёрдое.

[2] Судя по (чему) — на основании чего-либо, принимая во внимание что-либо.

[3] Горючее — здесь игра слов: 1) горючее — топливо для двигателей (нефть, бензин и т.п.); 2) горючий — способный гореть; загореться чем-либо — почувствовать сильное желание, страсть (к чему-либо, к какой-либо деятельности).

Многовековое смешение наций на территории нашей страны создало уникальный тип женщины, в которой есть всё лучшее от каждой нации. (Это, правда, не означает, что всё худшее от каждой нации — в нашем мужчине.)

Как российские шахматисты и музыканты увозят почти все награды с международных турниров и конкурсов, так и российские женщины увозят уже почти все награды с международных конкурсов красоты. Правда, если их женщина стала победительницей, её сразу хватают замуж, а если наша, то её выгоняют из дома.

Вопросы и задания

1. Найдите в тексте и сравните описание внешнего вида русской женщины и датчанки. Объясните существующие различия. Как выглядят женщины в вашей стране?

2. Сравните понятия о красоте в России, Дании, у вас на родине.

3. В чём, по мнению автора, уникальность характера русской женщины?

3

Мы с Хелен перешли на другую сторону улицы.

— Интересно, — говорю я.— Вы переходите дорогу только на зелёный свет. Даже если нет ни одной машины.

— А у вас разве по-другому?

— Ну, мы в общем-то тоже переходим дорогу на зелёный свет. А на красный мы перебегаем.

Причём умудряемся[4] ещё перевести на красный свет какую-нибудь старушку.

Но это — нарушения[5], которых могло бы не быть. А есть нарушения, которых не может не быть. В Ленинграде или в Москве иногда попадается

---

[4] Умудряться (разг.) — суметь что-либо сделать, ловко воспользовавшись ситуацией, проявив находчивость, изобретательность, дождавшись подходящего момента.

[5] Нарушить (что) — не выполнить (закон, правило и т. п.).

118

такая широкая улица, что её невозможно успеть перейти на зелёный. Тем более — пожилой старушке. Поэтому опытная старушка начинает переходить на красный. Когда вспыхивает зелёный свет, она мысленно уже прощается с белым[1].

Мы с Хелен садимся в автобус. Обычный городской рейсовый автобус. Но датский. Внутри — ковровые дорожки.

В Дании входишь в автобус только после того, как пробьёшь компостером специальную картонку. На ней указан час, когда ты вошёл. И этот час можно ездить бесплатно на всех автобусах города. Правда, транспорт, хоть и лучше, чем у нас, но дороже.

На следующей остановке входит датская старушка. Я, как джентльмен, встаю и уступаю ей место:

— Сит даун, плиз[2], мамаша!

Весь автобус оборачивается и смотрит на меня, не как на джентльмена, а как на донкихота[3].

Оказывается, в Дании джентльмены никому не уступают место, потому что там места хватает всем.

Я вспоминаю наши венгерские автобусы.

Наши автобусы — как мужчины у женщины: то нет ни одного, а то вдруг появляется сразу несколько.

У нас с автобусами — так: сначала никак не дождаться, потом не влезть, а потом не вылезти.

Летом он, душегуб[4], отапливается, а зимой — нет, и стёкла выбиты. Но зато крыша протекает очень редко: только — когда идёт дождь. Ещё проблема — купить талоны. Потом проблема — их прокомпостировать.

---

[1] Белый свет — мир, земля; жизнь; прощаться с белым светом — прощаться с жизнью, готовиться умереть.

[2] Sit down please! (англ.) — Садитесь, пожалуйста!

[3] Донкихот — человек, который хочет жить согласно рыцарскому кодексу чести, но при этом отдающий все свои силы борьбе с несуществующими препятствиями, отчего он попадает в смешное положение; по имени героя романа испанского писателя М. Сервантеса «Дон Кихот».

[4] Душегуб (прост.) — употребляется как бранное слово; раньше — убийца, разбойник, злодей.

Потому́ что да́вка[1] така́я, что мо́гут прокомпости́ровать всё что уго́дно, но то́лько не тало́н. И пока́ на э́том авто́бусе доберёшься до рабо́ты, устаёшь так, что на рабо́те то́лько отдыха́ешь.

В о́бщем, с на́шим авто́бусом лу́чше не свя́зываться. Быстре́й — пешко́м.

Вопросы и задания

1. Опишите, как переходят через улицу в Дании, в России, у вас в стране.

2. Составьте диалоги между полицейским и нарушителем правил дорожного движения. Убедите полицейского, что вы не могли не нарушить правила.

3. Опишите и объясните ситуацию, в которую попал автор, когда уступил место старушке в датском автобусе. Что значит, по вашему мнению, быть настоящим джентльменом?

4. Чем, по мнению автора, отличается автобус в России?

4

Но я бы не сказа́л, что Да́ния уж о́чень от нас отлича́ется. Ну, то́лько по разме́рам. А так в при́нципе всё одина́ковое. Инопланетя́не и дикари́ вряд ли бы заме́тили у нас отли́чия. Те же лю́ди — голова́, два у́ха. При встре́че жмут друг дру́гу ру́ки. Те́ло прикрыва́ют оде́ждой. Живу́т в дома́х. О́кна из стекла́. Маши́ны на четырёх колёсах. Чтобы подде́рживать в органи́зме жизнь, едя́т еду́, пьют питьё, вдыха́ют во́здух. Размножа́ются спо́собом деле́ния — на мужчи́н и же́нщин. В конце́ жи́зни всё-таки умира́ют.

Ра́зница в нюа́нсах.

Они́ говоря́т «Копенха́ген», а мы говори́м «Копенга́ген».

У них за всё пла́тят, а у нас и́ли перепла́чивают, и́ли беру́т беспла́тно.

У них большо́й вы́бор това́ров, а у нас то́лько оди́н вы́бор: и́ли ты берёшь э́тот това́р, и́ли нет.

---

[1] Да́вка — толкотня в тесноте, в толпе; от глагола «давить».

Мы удивля́емся, как они́ живу́т, а они́ удивля́ются, как мы ещё жи́вы.

Да́ния — иностра́нное госуда́рство, а Росси́я — стра́нное.

***

То́лько в чужо́й стране́ мо́жно почу́вствовать, как лю́бишь свою́. Никто́ так не тоску́ет по свое́й ро́дине, как эмигра́нт.

Того́, о чём я пишу́, я датча́нам не говори́л. Это я говорю́ свои́м. А им я сде́лал то́лько оди́н комплиме́нт: «Копенга́ген — лу́чший го́род в ми́ре, — сказа́л я, — по́сле Ленингра́да».

Датча́нам это понра́вилось. Ве́жливость не должна́ переходи́ть в лесть.

Я не стал вдава́ться в подро́бности. Не стал говори́ть, что Копенга́гену отвожу́ четвёртое ме́сто, а пе́рвые три — Ленингра́ду. Точне́й — Ленингра́ду, Петрогра́ду и Петербу́ргу.

И не то́лько потому́, что мой оте́ц роди́лся в Петербу́рге, мать — в Петрогра́де, а я — в Ленингра́де.

Я не стал им говори́ть, как я люблю́ мою́ саа́мскую[1] зе́млю.

Неме́цкие шпи́ли, италья́нские коло́нны, ру́сские купола́ — в це́нтре.

И ора́нжевые со́сны, седы́е валуны́[2], тёмные озёра — вокру́г.

И грани́т вдоль рек наверху́ и вдоль тонне́лей внизу́.

Снег о́сенью.

И дождь зимо́й.

Го́род-сон.

Го́род-кора́бль.

Восстаю́щий всегда́ про́тив тьмы[3] — будь это тьма враго́в и́ли тьма ноче́й.

Бе́лые но́чи — на́ши пи́терские сны...

---

[1] Саамы — лапландцы; народ, живущий в северных районах Норвегии, Швеции, Финляндии, в России на Кольском полуострове; в прошлом жили в южных районах Карелии, Финляндии и Скандинавии.

[2] Валун — большой округлый камень.

[3] Тьма — 1) темнота; 2) большое количество, множество (кого-, чего-либо).

***

Прощай, Да́ния, моя́ до́брая знако́мая! Здра́вствуй, Росси́я, моя́ прекра́сная незнако́мка! Ни одна́ страна́ не меня́ется так за не́сколько дней, как Росси́я. Мой путево́й блокно́т испи́сан почти́ до конца́. Оста́лось то́лько не́сколько листко́в...

Мелихан Константин Семёнович (1952—) — современный петербургский писатель-юморист, автор многочисленных рассказов и юморесок, которые регулярно публикуются в различных газетах и журналах («Юность», «Аврора» и др.).

Вопросы и задания

1. Что общего, по мнению автора, у Дании и России? Чем они различаются?

2. Чем, по вашему мнению, Россия отличается от стран, где вы побывали?

3. В чём больше всего проявляются национальные особенности страны?

4. Что в современной России отличается от описания Мелихана?

КНИГИ ИЗДАТЕЛЬСТВА «ЗЛАТОУСТ» ПРОДАЮТСЯ:

ДАЛЬНЕЕ ЗАРУБЕЖЬЕ

OUR BOOKS ARE AVAILABLE IN THE FOLLOWING BOOKSTORES:

Australia: **Language International Bookshop** (Hawthorn), 825 Glenferrie Road, VIC 3122.
Tel.: +3 98 19 09 00, fax: +3 98 19 00 32, e-mail: info@languageint.com.au, www.languageint.com.au

Austria: **OBV Handelsgesellschaft mbH** (Wien), Frankgasse 4.
Tel.: +43 1 401 36 36, fax: +43 1 401 36 60, e-mail: office@buchservice.at, service@oebv.at, www.oebv.at

Belgium: **La Librairie Europeenne — The European Bookshop** (Brussels), 1 rue de l'Orme.
Tel.: +32 2 734 02 81, fax: +32 2 735 08 60, ad@libeurop.eu, www.libeurop.be

Brazil: **SBS — Special Book Services** (Sao Paulo).
Tel.: +55 11 22 38 44 77, fax: +55 11 22 56 71 51, sbs@sbs.com.br, www.sbs.com.br

Croatia, Bosnia: **Official distributor Sputnik d.o.o.** (Zagreb), Krajiška 27/1.kat.
Tel./fax: +385 1 370 29 62, +385 1 376 40 34, fax: + 358 1 370 12 65,
mobile: +358 91 971 44 94, e-mail: info@sputnik-jezici.hr, www.sputnik-jezici.hr

Czech Republik: **MEGABOOKS CZ** (Praha), Třebohostická 2283/2, 100 00 Praha 10 Strašnice.
Tel.: + 420 272 123 19 01 93, fax: +420 272 12 31 94, e-mail: info@megabooks.cz, www.megabooks.cz
Styria, s.r.o. (Brno), Palackého 66. Tel./fax: +420 5 549 211 476, mobile: + 420 777 259 968,
e-mail:styria@styria.cz, www.styria.cz

Cyprus: **Agrotis Import-Export Agencies** (Nicosia).
Tel.: +357 22 31 477/2, fax: +357 22 31 42 83, agrotisr@cytanet.com.cy

Estonia: **AS Dialoog** (Tartu, Tallinn, Narva). Tel./fax: +372 7 30 40 94,
e-mail: info@dialoog.ee; www.dialoog.ee, www.exlibris.ee
Tallinn, Gonsiori 13 – 23, tel./fax: +372 662 08 88, e-mail: tallinn@dialoog.ee;
Tartu, Turu 9, tel.: +372 730 40 95, fax: + 372 730 40 94, e-mail: tartu@dialoog.ee;
Narva, Kreenholmi 3, tel.: +372 356 04 94, fax: + 372 359 10 40, e-mail: narva@dialoog.ee;

Finland: **Ruslania Books Corp.** (Helsinki), Bulevardi 7, FI-00100 Helsinki.
Tel.: +358 9 27 27 07 27, fax +358 9 27 27 07 20, e-mail: books@ruslania.com, www.ruslania.com

France: **SEDR** (Paris), Tel.: +33 1 45 43 51 76, fax: +33 1 45 43 51 23, e-mail: info@sedr.fr, www.sedr.fr
Librairie du Globe (Paris), Boulevard Beaumarchais 67. Tel. +33 1 42 77 36 36, fax: 33 1 42 77 31 41,
e-mail: info@librairieduglobe.com, www.librairieduglobe.com

Germany: **Official distributor Esterum** (Frankfurt am Main).
Tel.: +49 69 40 35 46 40, fax: +49 69 49 096 21, e-mail Lm@esterum.com, www.esterum.com
Kubon & Sagner GmbH (Munich), Heßstraße 39/41.
Tel.: +49 89 54 21 81 10, fax: +49 89 54 21 82 18, e-mail: postmaster@kubon-sagner.de
Kubon & Sagner GmbH (Berlin), Friedrichstraße 200.
Tel./fax: +49 89 54 21 82 18, e-mail: Ivo.Ulrich@kubon-sagner.de, www.kubon-sagner.de
Buchhandlung "RUSSISCHE BÜCHER" (Berlin), Kantstrasse 84, 10627 Berlin, Friedrichstraße
176–179. Tel.: +49 3 03 23 48 15, fax +49 33 20 98 03 80, e-mail: knigi@gelikon.de, www.gelikon.de

Greece: **«Дом русской книги "Арбатъ"»** (Athens), El. Venizelou 219, Kallithea.
Tel./fax: +30 210 957 34 00, +30 210 957 34 80, e-mail: arbat@arbat.gr, www.arbat.gr
«Арбат» (Athens), Ag. Konstantinu 21, Omonia.
Tel.: + 30 210 520 38 95, fax: + 30 210 520 38 95, e-mail: info@arbatbooks.gr, www.arbatbooks.gr
Avrora (Saloniki), Halkeon 15. Tel.: +30 2310 23 39 51, e-mail info@avrora.gr, www.avrora.gr

Ireland: **Belobog** (Nenagh). Tel.: +3053 87 2 96 93 27, e-mail: info@russianbooks.ie, www.russianbooks.ie

Holland: **Boekhandel Pegasus** (Amsterdam), Singel 36. Tel.: +31 20 623 11 38, fax: +31 20 620 34 78,
e-mail: pegasus@pegasusboek.nl, slavistiek@pegasusboek.nl, www.pegasusboek.nl

Italy: **il Punto Editoriale s.a.s.** (Roma), V. Cordonata 4. Tel./fax: + 39 66 79 58 05,
e-mail: ilpuntoeditorialeroma@tin.it, www.libreriarussailpuntoroma.com
Kniga di Doudar Lioubov (Milan). Tel.: +39 02 90 96 83 63, +39 338 825 77 17, kniga.m@tiscali.it
Globo Libri (Genova), Via Piacenza 187 r. Tel./fax: +39 010 835 27 13, e-mail: info@globolibri.it,
www.globolibri.it

Japan: **Nauka Japan LLC** (Tokyo). Tel.: +81 3 32 19 01 55, fax: +81 3 32 19 01 58,
e-mail: murakami@naukajapan.jp, www.naukajapan.jp
NISSO (Tokyo), C/O OOMIYA, DAI 2 BIRU 6 F 4-1-7, HONGO, BUNKYO-KU.
Tel: + 81 3 38 11 64 81, e-mail: matsuki@nisso.net, www.nisso.net

Latvia: **SIA JANUS** (Riga), Jēzusbaznīcas iela 7/9, veikals (магазин) "Gora".
Tel.: +371 6 7 20 46 33, +371 6 7 22 17 76 +371 6 7 22 17 78, e-mail: info@janus.lv, www.janus.lv

Poland: **MPX Jacek Pasiewicz** (Warszawa), ul.Garibaldiego 4 lok.16A.
Tel.: +48 22 813 46 14, mobile: +48 0 600 00 84 66, e-mail: jacek@knigi.pl, www.knigi.pl
Księgarnia Rosyjska BOOKER (Warszawa), ul. Ptasia 4.
Tel.: +48 22 613 31 87, fax: +48 22 826 17 36, mobile: 504 799 798, www.ksiegarniarosyjska.pl
«Eurasian Global Network» (Lodz), ul. Piotrkowska 6/9.
Tel.: +48 663 339 784, fax: +48 42 663 76 92, e-mail: kontakt@ksiazkizrosji.pl, http://ksiazkizrosji.pl

Serbia: **DATA STATUS** (New Belgrade), M. Milankovića 1/45, Novi.
Tel.: +381 11 301 78 32, fax: +381 11 301 78 35, e-mail: info@datastatus.rs, www.datastatus.rs
Bakniga (Belgrade). Tel. +381 658 23 29 04, +381 11 264 21 78

Slovakia: **MEGABOOKS SK** (Bratislava), Laurinska 9.
Tel.: +421 (2) 69 30 78 16, e-mail: info@megabooks.sk, bookshop@megabooks.sk, www.megabooks.sk

Slovenia: **Exclusive distributor: Ruski Ekspres d.o.o.** (Ljubljana), Proletarska c. 4.
Tel.: +386 1 546 54 56, fax: +386 1 546 54 57, mobile: +386 31 662 073,
e-mail: info@ruski-ekspres.com, www.ruski-ekspres.com

Spain: **Alibri Llibreria** (Barcelona), Balmes 26.
Tel.: +34 933 17 05 78, fax: +34 934 12 27 02, e-mail: info@alibri.es, www.books-world.com
Dismar Libros (Barcelona), Ronda de Sant Pau, 25.
Tel.: + 34 933 29 65 47, fax: +34 933 29 89 52, e-mail: dismar@eresmas.net, dismar@dismarlibros.com,
www.dismarlibros.com
Arcobaleno 2000 SI (Madrid), Santiago Massarnau, 4.
Tel.: +34 91 407 98 45, fax: +34 91 407 56 82, e-mail: info@arcobaleno.es, www.arcobaleno.es
Skazka (Valencia), c. Julio Antonio, 19.
Tel.: +34 676 40 62 61, fax: + 34 963 41 92 46, e-mail: skazkaspain@yandex.ru, www.skazkaspain.com

Switzerland: **PinkRus GmbH** (Zurich), Spiegelgasse 18.
Tel.: +41 4 262 22 66, fax: +41 4 262 24 34, e-mail: books@pinkrus.ch, www.pinkrus.ch
Dom Knigi (Geneve), Rue du Midi 5.
Tel.: +41 22 733 95 12, fax: +41 22 740 15 30, e-mail info@domknigi.ch, www.domknigi.ch

Turkey: **Yab-Yay** (Istanbul), Barbaros Bulvarı No: 73 Konrat Otel Karşısı Kat: 3 Beşiktaş, İstanbul, 34353,
Beşiktaş. Tel.: +90 212 258 39 13, fax: +90 212 259 88 63, e-mail: yabyay@isbank.net.tr, info@yabyay.
com, www.yabyay.com

United Kingdom: **European Schoolbooks Limited** (Cheltenham), The Runnings, Cheltenham GL51 9PQ. Tel.: + 44 1242
22 42 52, fax: + 44 1242 22 41 37
European Schoolbooks Limited (London), 5 Warwick Street, London W1B 5LU.
Tel.: +44 20 77 34 52 59, fax: +44 20 72 87 17 20, e-mail: whouse2@esb.co.uk, www.eurobooks.co.uk
Grant & Cutler Ltd (London), 55–57 Great Marlborough Street, London W1F 7AY.
Tel.: +44 020 70 20, 77 34 20 12, fax: +44 020 77 34 92 72,
e-mail: enquiries@grantandcutler.com, www.grantandcutler.com

USA, Canada: **Exclusive distributor: Russia Online** (Kensington md), Kensington Pkwy, Ste A. 10335 Kensington,
MD 20895-3359. Tel.: +1 301 933 06 07, fax: +1 240 363 05 98,
e-mail: books@russia-on-line.com, www.russia-on-line.com